初期シベリア出兵の研究

――「新しき救世軍」構想の登場と展開――

井竿富雄 著

九州大学出版会

目次

初期シベリア出兵の研究

――「新しき救世軍」構想の登場と展開――

序章　課題と視角

一　本書の目的と先行研究

一九一八年八月二日、寺内内閣はシベリア出兵宣言を出した。そして一九二五年、日ソ基本条約が締結されるまでの期間、日本はロシアの領土を軍事占領しつづけた（一九二二年から一九二五年まではサハリン北部）。これがいわゆる「シベリア出兵」である。本書は、この「シベリア出兵」が、同時代的にはどのような戦争として発動されていったか、ということを明らかにしていくことを目的としている。ここではまず、この目的がどのような意義を持っているかを明確なものにするために、これまでの研究史を概観していかなくてはならない。

1　先行研究の概観

シベリア出兵に関する先行研究は、第二次世界大戦後に多数現れた(1)。まず、井上清氏は、日本軍国主義の形成・

発展・崩壊の歴史の一環としてシベリア出兵を取り上げた。井上氏は、シベリア出兵を「ロシア革命への干渉戦争」として位置付けた[2]。ロシア革命、特に社会主義革命に対する干渉戦争として、シベリア出兵をとらえたのである。この研究は、まだシベリア出兵に関する史料などがほとんど公開されていない中で書かれた先駆的なものであった。

細谷千博氏の学位論文の刊行[3]は、日本のシベリア出兵史研究に一石を投じた。細谷氏の研究は、『牧野伸顕文書』や、伊東巳代治に関する史料『翠雨荘日記』、そして米ソの研究者の文献を多数用いた、本格的な外交史研究の著作であった。この著書は、シベリア出兵は一九四一年の最終的な破綻に連なる日米関係史の重要な一里程であるという問題意識の下に書かれたものである。シベリア出兵の最終決定段階における、政策決定者のやり取りに関して、これを超える著作はもはや現れにくい。その後も、細谷氏は、出兵後の日本・連合国、そしてソヴィエト・ロシアとの間に関する外交史の研究を続け、論文集を出している[4]。細谷氏に続いて、一九一七年の中国ハルビンでのソヴィエト政権樹立や、日華陸軍共同防敵軍事協定の締結過程を扱った著作を刊行したのは関寛治氏であった[5]。この二人の著作によって、国際政治史の中でのシベリア出兵の位置付けを探ることが可能になった。

この後、シベリア出兵研究は、国際政治史上の位置付けと、新しい史料の発見という二つの方向からの研究が進められた。小林幸男氏の著作は、第一次世界大戦まで射程を広げて、日本の対ロシア政策そのものを明らかにしようと試みた[6]。小林龍夫氏は、シベリア出兵の政策決定で重要な役割を果たした機関「臨時外交調査委員会」の成立過程を明らかにした[7]。藤村道生氏は、『西伯利出兵憲兵史』を発見して、シベリア出兵時の日本軍の軍紀の状況についての研究を初めて行った[8]。また、前後するが、三島康雄氏による北方での漁業経営との関わりでこの問題に取り組んでいた研究もある[9]。

研究の飛躍的な前進をもたらしたのは、研究者ではなかった。作家・映画監督である高橋治氏は、小説『派兵』

を著した[10]。この著作は、文学作品という形式を取っていたが、シベリア出兵の研究史では細谷氏、この後に述べる原暉之氏と並んで、重要な意味を持っている。第一に、史料的な面においてである。参謀本部の『大正七年乃至十一年西伯利出兵史』や『松尾勝造日記』、山崎千代五郎回顧録『西伯利亜出征ユフタ実戦記　血染の雪』のような同時代史料が、髙橋氏の手によって発見され、あるものは復刻された。第二に、多面的な角度からの研究を可能にしたことである。日露・チェコ軍などの関係者からの夥しい聞き書きと内外にわたる綿密な取材によって、政策決定者や将軍たちのみならず、兵士が体験したシベリア出兵が明らかにされていくきっかけが作られた。社会史という方法論が日本で使われていなかった当時、これは貴重な発見であった(髙橋氏は、これを「虫の視点」と呼んでいる)。この著作は、それまでの研究につきまとっていた問題点であった「史料不足」をかなりの程度解消して見せるところまでいったのである。

髙橋氏の問題提起に応じたのは、日本政治史ではなく、ロシア史の研究者であった。ロシア史の研究者たちは、さまざまな角度からシベリア出兵を検証した[11]。ロシア史研究者の中でも、傑出したシベリア出兵研究者は原暉之氏であった。ロシアのユダヤ人問題などの研究者であった原氏は、一九七〇年代から精力的にシベリア出兵研究の成果を公表し、一九八九年、大著『シベリア出兵』を刊行した。この著作は、はじめてシベリア出兵を構想から撤兵まで見渡すものとして明らかにしたことでも、記念碑的な著作であった。原氏の著作は、ロシアから日本の近代史を、シベリア出兵を通じて光を当てるという意味付けを持っているといえる[12]。

この他にも、シベリア出兵研究は、様々な角度から行われている。本書でも明らかにされる、対シベリア経済援助に関する波多野勝氏の研究がある[13]。髙橋秀直氏は、第一次大戦で現実のものになりはじめた「総力戦」とのかかわりでシベリア出兵問題を扱った[14]。言論からみたシベリア出兵問題では、やや古いが、いわゆる「尼港事件」と言論について研究した飛鳥井雅道氏の研究[15]や、ウラジオストック在住の日本人が発行していた新聞『浦潮日報』に関する、橋本哲哉氏の論文[16]がある。経済的な領域からシベリア出兵に触れた著作もある。[17]雨宮昭一氏の、日本の戦争指導という観点からの研究もある。[18]

また最近では、「マルチアーカイヴァルアプローチ」に立脚した、グローバルな視点からの研究も登場した。服部龍二氏の著作(シベリア出兵研究はその中の一つに過ぎないが)は、中国(大陸・台湾双方)、ロシア、アメリカなど、複数の国の外交史料を駆使し、より広い枠組で国際政治史を論ずることが可能であることを示した。[19]また、アメリカ外交史からは、高原秀介氏によるウィルソン政権のシベリア出兵政策の研究を通じて、日本のシベリア出兵政策をもあぶりだす試みも出ている。[20]

このように、シベリア出兵研究は、五十年余りにわたり、大量の研究の蓄積がある。その中で、筆者がここで提起している目的は、どのような意味があるのか。このことを次に述べていくことにする。

2　研究目的の意義

以上のシベリア出兵史研究は、結果として、シベリア出兵が「どのようなものであったか」ということが問題になっている。この視角からの研究成果は、原暉之氏の次の言葉に尽きているであろう。原氏は前掲の著書でシベリア出兵を「布告なしに戦端を開き、厖大な人員と戦費を注ぎ込み、しかも持続的な抵抗闘争と国際的非難をうける中で敗者として撤退しなければならなかったこの戦争[21]」と呼んだのである。

これまでの研究は、シベリア出兵の結果を知っているものが、どのようなものとして結果付けられたか、ということに関心が向いていた。しかし、筆者はここで「どのようなものとして発動されたか」ということについて関心を向けたいのである。

シベリア出兵は、その発動がきわめて特異な戦争であった。まず、ロシアに対する宣戦布告は出なかった。それだけならば、義和団事件のときも「居留民保護」という名目だから一緒であろう。しかし、宣戦布告にかわる「出兵宣言」では、ロシアとの友好関係の維持が語られていた。しかも本文中で述べるように、日本人居留民に対する避難の勧告などは一切なされなかった。戦う相手は敵ではない、という戦争が実行されたのである。

しかも、このときの出兵宣言に加えて、あとで政策的な措置として「ロシア国民の救援」という旗が掲げられる。このような措置は、戦争の大義名分としては通俗的なものに見えるかもしれない。いかなる戦争にも、「守るもの」「救うもの」がいることになっているのはよくある話である。日清戦争のときには朝鮮の独立、日露戦争のときには韓国や清の問題が、宣戦布告の理由として掲げられた。ところが、この出兵の際には、ロシア国民を、とりあえず一定程度本当に「救援」しなければならなかった。非軍事領域で、医療援助や食糧援助などの措置が取られた。出兵参加諸国が、この援助競争をやろうとしていたのである。後で述べていくように、現地で活動している軍人こそ、この変化に気づかされていた。援助をやらないと国際的な地位の低下を招きかねないとすら考えるようになるのである。

同時代人にも、シベリア出兵はこれまで日本が経験した戦争と異なるものと映っていた。さきほど名前を紹介した『浦潮日報』の記者であった山内封介は、その著書でこんなことを書いている。「聯合軍がボリシエヰキイと戦ふ場合に困つたのは、戦闘行動の為に凡ての物を犠牲にし得ぬこと」であった。戦争では本来、「家が邪魔になると思つたら、其家を焼き棄ててもよい。橋を破壊しても工場を宿営に宛ても、電柱を切り倒しても、食量《（ママ）》品を徴発しても、全村を焼き払つても、又人間を殺しても、戦争には凡てが許されてゐる」筈であるが、シベリア出兵はそうではなかった、というのである。[22] 結果として日本軍の行動はそうならなかったのだが、しかし多国間の「協調」という名の監視のもと、「ロシア人との戦争」を公言することは容易にできなかった。後藤新平は、この出兵を「新しき救世軍」と呼ぶことになるが、この言葉はこの戦争が全く新しい形態と正当性で行われることをよく理解していたことを表している。軍隊が武力行使のみならず、人道的な事業を行うために、多国籍で登場する。このような軍事力行使の形態が登場したのであった。しかし、日本の政策決定者の大半は、出兵決定までほとんどそのようなことを考えもしていなかったのである。むしろ、このような形態で出兵することには反対すらあった。

本書は、以上のような軍事力行使の発動と、その正当化の論理が生まれてくるプロセスと、現実の行動を明らかにしていくことを目的としている。論述の順序は以下の通りである。まず、シベリア出兵の構想が政策決定主体から登場し、それが政策決定段階に至るまでの変容を論ずる。次に、シベリア出兵が発動された場合、実行主体となる陸軍におけるシベリア出兵に対する構想、そして現実の力関係の中で、陸軍側がどのように自らのシベリア出兵を通じた利益の達成を図ろうとしたかを述べる。第三に、シベリア出兵の正当化を社会的に果たそうとしたシベリア出兵促進論のレトリックと、そのような議論をしうる社会的背景について述べた後、現実に最初の段階でシベリア出兵の発動を経験した第十二師団の様子を描き出す。ここでは当時の新聞などが使われることになる。そのあと、シベリア出兵の日本軍が現地で行った行動について、まずは大義の「新しき救世軍」としての行動、そして反面で起こっていた問題行動について明らかにする。このように、政策の構想―変容―決定―執行という一連の過程に沿って明らかにしていくことで、シベリア出兵が同時代的にどのようなものであろうとし、結果としてどのようなものとなったかが、明快になっていくであろう。そしてこのことは、これまでの「結果的にどのようなものとなったか」という研究成果を全く否定するものではない。むしろ、どのようなものとして発動されたか、という部分が見えることによって、結果が構想からどの程度ずれたものになったかが分かるからである。あるいは、シベリア出兵正当化の論理がいかにして破綻していくかが、明確なものになっていくと考えられるのである。

二 「初期シベリア出兵」という概念について

本書は、「初期シベリア出兵の研究」と名づけられている。このような時期区分は、先行研究では行われていない。それは、シベリア出兵研究が、政策領域ごとに分化したことと関わりがあるかもしれない。だが、シベリア出兵は非常に長期間にわたるものである。しかも出兵自体の性格がかなり変わっていく。そのため、筆者は便宜的に次のようにシベリア出兵を時期区分して考えている。

「初期」…一九一八年の出兵宣言から、年末まで。

これは、まさに第一次世界大戦の一環としてスタートした出兵の性格をあらわしている。こうしなければ、ロシアを敵としない戦争はできない。敵はロシアではなく、あくまでドイツ・オーストリア両国を中心とした勢力である。「チェコ軍救援」という日本側の大義名分は、まさにこの枠内でしか登場できない。独墺勢力によって西部戦線への移動を妨害されているチェコ軍を救援するというものだからである。ところが、一九一八年の末に、ドイツは革命で帝政が崩壊し、劇的に第一次世界大戦は終結する。これによって、出兵の前提が喪失する。

「中期」…一九一九年から一九二〇年初頭まで。

対独戦争の一環としての「チェコ軍救援」の大義が崩壊し、明確に「ボリシェヴィキ政権打倒・反革命派政権支援」の性格が現れる。日本が擁立を断念したコルチャーク(Kolchak, Aleksandr V.)が「全ロシア臨時政府」、通称オムスク政権を樹立し、列強はこの政権を承認して反革命派のロシア政府を確立しようと試みる。しかしながらオムスク政権は一九二〇年には崩壊し、ボリシェヴィキ政権は支配地域を拡大する。この勢いに押されて、日本も占領区域を縮小し、服部龍二氏のいう「北満シベリア出兵」への変容を公然のものとする。だが、最後に残っていた「日米共同出兵」の建前も、一九二〇年に米軍の単独撤退で消失し、ついに日本のみがロシアに兵力を残す段階となる。

「後期」…一九二〇年から一九二五年まで。

この時期は、まさに最も困難な時期となった。単独駐兵段階に突入したシベリア出兵に、さらに「尼港事件」という追い討ちがかかる。これに対して日本は北サハリンの「保障占領」という措置で応えるが、このことがいよいよボリシェヴィキ政権との話し合いを困難にしていった。ロシアの大陸部分からの完全撤兵へむけた極東共和国との交渉は、一九二二年のロシア大陸部からの撤兵で解決する。しかし全ロシア領土からの退却は、一九二五年の日ソ基本条約の締結を待たなければならなかった。この最終段階での「北樺太占領軍政」についても、研究をしていかなければならない。公式には「責任ある政府の樹立まで」と言いつつ、実は石油探査事業が行われているからである。

この区分はあくまで現時点で筆者が考えているところである。研究の深化によって、若干の変化はありうる。本書のいう「初期シベリア出兵」とは、この時期区分に沿ったものであることを御理解いただきたい。

（1）第二次大戦以前でも、信夫淳平『大正外交十五年史』国際連盟協会、一九二七年にはシベリア出兵に際して一章が割かれている。

（2）井上清「日本のソヴェート革命干渉戦争」『歴史学研究』一五一号および一五三号、一九五一年（のち加筆されて『日本の軍国主義』東京大学出版会、一九五三年に収録）。

（3）細谷千博『シベリア出兵の史的研究』有斐閣、一九五五年。大浦敏弘「極東ロシヤに対する米日干渉とその破綻についての一考察」（未完）『阪大法学』一二号、一九五四年および一五号、一九五五年が同時期に同じような問題意識によって発表されていたが、惜しいことにこの論文は未完に終わってしまった。また、外国で同様の問題意識により、同じ時期に発表されたものとして Morley, J. W., *The Japanese Thrust into Siberia, 1918*, Columbia University Press, New York, 1957 がある。この著作は、当時アメリカにあった日本の軍部の史料などをふんだんに用いて書かれている。

（4）細谷千博『ロシア革命と日本』原書房、一九七二年。

（5）関寛治『現代東アジア国際環境の誕生』福村出版、一九六六年。この書物のタイトルに表れた問題意識は、斎藤聖二「ロシア革命と日中関係」『シオン短期大学研究紀要』三〇号、一九九〇年および三一号、一九九一年に受け継がれている。

（6）小林幸男「欧州大戦と日本の対露政策」『国際政治』二三号、一九六三年。これ以前から、小林氏は「シベリア出兵における日米共同関係の断絶」『法学』（近畿大学）三巻三号、一九五五年、「シベリア干渉とニコライエフスク事件」『法学』（近畿大学）五巻三号、一九五六年―七巻一号、一九五八年（未完）のような、シベリア出兵問題に関する研究をしていた。この成果はのちに『日ソ政治外交史』有斐閣、一九八五年となって刊行された。

（7）小林龍夫「臨時外交調査委員会の設置」『国際政治』六四巻二号、一九六五年。

（8）藤村道生「シベリア出兵と日本軍の軍紀」『日本歴史』二五一号、一九六九年。

（9）三島康雄「ロシア革命が我国の北洋漁業経営に及ぼした影響」『社会経済史学』三〇巻二号、一九六〇年。

（10）髙橋治『派兵』（全四巻、未完）朝日新聞社、一九七三―一九七七年。「虫の視点」という言葉は、「虫の視点」大濱徹也編『近代民衆の記録　8兵士』、新人物往来社、一九七八年所収。このエッセイで髙橋氏は、当時の日本人研究者に向けて「怠慢」という厳しい批判を発している。

(11) 和田春樹「シベリア戦争史研究の諸問題」、藤本和貴夫「日本のシベリア介入戦争について」、島田孝夫「黒島伝治小論」、以上の三つの論文は『ロシア史研究』二〇号、一九七三年。この他には、菊地昌典『ロシア革命と日本人』筑摩書房、一九七三年がある。

(12) 原暉之氏のシベリア出兵研究は、『「尼港事件」の諸問題』『ロシア史研究』二三号、一九七五年を初めとしている。その後、「ロシア革命、シベリア戦争と朝鮮独立運動」菊地昌典編『ロシア革命論』田畑書店、一九七七年所収、「極東ロシアにおける朝鮮独立運動と日本」『季刊三千里』一七号、一九七九年というような、朝鮮独立運動とシベリア出兵という、髙橋氏が前掲『派兵』で示唆した問題にも取り組み、「シベリア・極東ロシアにおける十月革命」『スラヴ研究』二四号、一九七九年では、シベリアにおいて十月革命がどのように受け止められたかについて論じた。そして「日本の極東ロシア軍事干渉の諸問題」『歴史学研究』四七八号、一九八〇年で、シベリア出兵についての原氏の認識の概略が明らかにされた後、大著『シベリア出兵』筑摩書房、一九八九年が現れた。原氏はその後も「シベリア出兵と海軍」『続・現代史資料』第五巻月報、みすず書房、一九九四年、「シベリア出兵の罪と罰」『軍縮問題資料』一六八号、一九九四年、「ポーツマス条約から日ソ基本条約へ」『講座スラブの世界』第八巻、一九九五年というような論文を発表した。「内戦終結期ロシア極東における地域統合」『ロシア史研究』五六号、一九九五年のような、ソ連成立前夜のロシア極東地方の地域統合についても研究を行っている。また、ウラジオストックという一つの都市に視点を当てて、その近代史を描いた著書『ウラジオストク物語』三省堂、一九九八年もある。原氏のシベリア出兵に関する諸研究は、見渡す視野の広さや、史料的な幅の広さにおいて、無数の学ぶべきものを持っている。

(13) 波多野勝「ロシア革命と日本のシベリア援助」『慶応義塾大学法学研究』六三巻二号、一九九〇年。

(14) 高橋秀直「原内閣の成立と総力戦政策」『史林』六八巻三号、一九八五年、また「総力戦政策と寺内内閣」『歴史学研究』五五二号、一九八六年。

(15) 飛鳥井雅道「ロシア革命と『尼港事件』」井上清・渡部徹編『大正期の急進的自由主義』東洋経済新報社、一九七二年所収。

(16) 橋本哲哉「『浦潮日報』の成立と「シベリア出兵」」『金沢大学経済学部論集』一二巻二号、一九九二年、および「「シベリア出兵」期における『浦潮日報』」古厩忠夫編『東北アジア史の再発見』有信堂高文社、一九九四年所収。『浦潮日報』は、敦賀市立図書館および国立国会図書館にある。この新聞は、シベリア出兵撤兵後、ソ連統治下でもしばらく発行されていた。ソ連統治下で発行されていた『浦潮日報』も、近年コピーが敦賀市立図書館に収められた。

(17) 多田井喜生『大陸に渡った円の興亡』(全二冊) 東洋経済新報社、一九九七年。

(18) 雨宮昭一『近代日本の戦争指導』吉川弘文館、一九九七に収録されている論考を参照。

(19) 服部龍二『東アジア国際環境の変動と日本外交　一九一八―一九三一』有斐閣、二〇〇一年。歴史学のグローバリゼーションは確実に進んでいることを、この著作は明らかにしたのである。
(20) 高原秀介「ウィルソン政権とシベリア撤兵政策」『六甲台論集』四七巻一号、二〇〇〇年、「米国のシベリア撤兵と日本」『軍事史学』三六巻三―四合併号、二〇〇一年。
(21) 原暉之、前掲『シベリア出兵』のまえがき、i頁。
(22) 山内封介『シベリヤ秘史』日本評論社、一九二三年、一五九頁。

第一章　シベリア出兵構想の登場と変容

——寺内内閣および外交調査会の動きを中心にして——

本章は、一九一八年八月二日の出兵宣言をもって開始された日本を中心とする連合軍のロシアへの侵攻、いわゆるシベリア出兵が構想から実行にいたるまでに、その政策内容と大義に変容が起こったことについて明らかにしようとするものである。

序章でも述べたが、この第一次世界大戦最末期に発動された戦争は、これまで日本が経験したことのないものとなった。この戦争は、天皇の名でロシアに対する宣戦布告が出たわけではなかった。また、ロシアに成立していたボリシェヴィキ政権に対して、敵対する宣言が出たわけでもなかった。シベリア出兵は、その出兵宣言によればロシアの領土・主権の保全、ロシアとの友好関係の維持が謳われたロシアへの侵攻だった。しかも、この軍事行動によって、日本の国益、あるいは日本の国益に密接に関わるものがどう保全されるかということは言及されなかった。それまで地上に存在しなかった「チェコスロヴァキア」という国家を創設しようと主張する、連合軍によって友軍とみなされた武装集団に対する同情だけが政府によって声明されたのである。「日英同盟の情誼」や「東洋平和の維持」という、第一次世界大戦に際して日本が掲げた大義との関係は、どこにも存在しなかった。むしろヨーロッパ同様の、対独戦争という色彩の下で発動されたものであった。

序章で述べたように、この戦争については、多くの研究が存在している。そのうちでもかなりの部分が、この時期、すなわち政策決定段階に関するものである。[1] その結果、明らかになったことは多数あった。外交調査会での政策決定過程、日ソ・日米関係を視野に入れた研究、そして、近代日本の戦争指導の変遷に関して、シベリア出兵の持つ位置付け、というようなものである。このように汗牛充棟の中で筆者がなすべきことは、「政策決定者は、シベリア出兵をどのような戦争として発動すべく行動したか」ということである。結果としてシベリア出兵が、宣戦布告なしの長期戦に突入したことは既に明らかである。しかし、当初から政策として失敗すべく考えられた構想はない。また、失敗すると考えられれば、政策構想は破棄も含めて再検討される。シベリア出兵は、実行された政策である。実行されたからには、どのような見通しを持ち、どのような大義を掲げる戦争として作り上げられたかは、かならず検討しなければならない課題である。

このことを明らかにするためには、まず、当初の段階で、政策決定者や、政策決定者に影響力を保持していた主体の持っていたシベリア出兵構想の登場について探究する必要がある。そして最終的な政策決定段階でのシベリア出兵構想が、当初持っていたものとどのように変化したか、ということも検討しなければならない。結論から言えば、それは大幅に変わったものとなった。変わっただけではなく、当時の日本がいまだ経験したことのない戦争として発動されなければならなくなりつつあった。当時の日本国家が掲げた出兵の大義からして、大幅に変更されなければならなかったのである。

国家がいかなる大義を掲げ、どのような諸措置をもって軍事力の発動をするかは、どの時代においても、国民の軍事動員に対する支持を調達するためにも重要な要素である。以下に記すように、当初日本の政策決定主体では、シベリア出兵は「日本の自衛」のためになされるべきであるという合意が存在したのである。日本(権益地や植民地を含む)が軍事的にボリシェヴィキ軍や独墺勢力から侵攻される危険性があれば軍事力を発動する、という意味である。ところが発動の時点では、「自衛」のためという言葉は全く出てこない。しかも、当初はほとんど考慮されていなかった、「ロシア国民の救援」という大義が掲げられていったのである。本書は、シベリア出兵がなぜ、「チェコ軍救援」や「ロシア国民の救援」という旗を掲げ、しかも後者についてはそのための具体的な機関まで設置しなければならなかったか、そしてこれらの過程はどのようにして行われたかについての考察である。

本章では、まず、十月革命前後に登場してきた、日本国内におけるシベリア出兵構想について代表的なものを検討する。次に、これらの諸構想が、一度は「自衛」のための出兵、そして連合国全体の意見の一致を要するという合意を得ながら、最終的には「日米共同」の「チェコ軍救援」出兵になっていった過程を扱う。そして、出兵発動直後に発足した「臨時西比利亜経済援助委員会」が、シベリア出兵に「新シキ救世軍」という大義を付与していったことを明らかにする。最後にまとめと若干の考察を行うことにしたい。

一　ロシア十月革命直後のシベリア出兵に関する諸構想

シベリア出兵を日本が実行する遠因が、ロシアでの十月革命にあることは周知の事実である。ただ、最終的に寺内内閣の手で実行されることになったシベリア出兵と、ロシア十月革命直後から登場してきていたシベリア出兵に関する諸種の構想には状況の相違から、隔たりも存在した。本節では、政策決定に影響力のある人物、また閣内、そしてシベリア出兵が実行された場合に実際に動くことになる陸軍内部の中から登場してきた、ロシア革命直後のシベリア出兵構想について検討する。

寺内正毅率いる内閣は、政党勢力を閣内に一切含まない内閣として存在していた。だが衆議院に存在する政党勢力との提携がなければ内閣も政治運営はできなかった。寺内内閣は、衆議院内の最大政党政友会、および少数政党の国民党の協力を得ていた。特に外交政策の領域においては、この二政党の領袖、政友会総裁原敬と国民党党首の犬養毅を準大臣待遇で包摂した「臨時外交調査委員会」通称外交調査会(以下は通称で呼ぶことにする)が、重要な役割を果たしていた。外交調査会は、制度的には天皇直属の外交政策諮問機関であった。だが、首相を総裁とし、外務および陸海軍大臣が内閣からこの機関に出ていた。さらに、議会内の主要政党のリーダーが出席していた。規則上は、この委員会でなされた議決が天皇に上奏され、天皇がこれを首相に下げ渡すことになっていた。だが、総裁と首相は同一人物であることや、人的な構成から見て、まさにこの機関は外交政策における重要な位置を占めていた。[2]

内閣および外交調査会の委員の中では、一九一七年のある時期から、ロシアがボリシェヴィキの掌握するところになるであろうことは情報および認識の共有があった。[3] 十月革命前後の時期に、閣内でシベリア出兵を含む内外政策の意見書を執筆し、寺内正毅首相に提出したのは、当時内務大臣であった後藤新平であった。[4] この意見書は、ドイツとの単独講和さえ示唆しつつ、五つの内外政策を提案した。出兵に関する項目は第二、第三の政策提言であった。第二項目は、日本は「時俗ニ動サレテ妄リニ出兵セス縦令幾分出兵ヲ余儀ナクセラルルコトアリトスルモ其ノ引揚ノ場合ヲ予見シテ萬遺計ナキヲ期ス」べきだという、外交政策上での出兵のスタンスについての提案であった。そして第三項目で、後藤は二つの政策実行を説いていた。一つは、物価調節の名目で穀物を購入し、この穀物の半分を国内消費に、残りの半分をシベリア鉄道沿線の「露国窮民ノ賑済(或ハ有償的ニ又ハ無償的ニ)」にあてるべきだということであった。もう一つは、「大ナル赤十字社隊ヲ組織派遣シ鉄道沿線ノ病傷者ヲ施療スル」ことであった。そして、この救援事業に対して妨害があった場合、日本は武力でシベリアを占領し、「西伯利亜ニ於ケル一大中立地帯即チ緩衝地域」を作る基礎ができると書いていた。

後藤がこのような政策提言を行ったのは、対米牽制策からであった。後藤はこの意見書で、アメリカは「道義的侵略主義」を持った「公義人道ヲ被衣トセル偽善的一大怪物」であり、「独逸国人ノ主義ト米国ノ民本主義ハ畢竟異名同物」とすら極言するほどであった。しかし後藤は、「道義的侵略主義」の国家を牽制するためには、かの国の政策を形式的に導入するという逆説を演ずることを提起したのである。

この意見書の提議した、軍事力発動と非軍事的領域での行為の組み合わせという内容の異色性は、以下に見る西原亀三の意見書や、陸軍の出兵プランとの比較により、より明確になるであろう。

西原亀三は、寺内内閣において、対中国政策において大きな影響力を持った人物であった。閣僚でもなく、政治家でもない彼が、現地の日本外交官の頭越しに行っていた対中国借款「西原借款」については、多くの研究がある。[5]西原は主として中国政策領域の中で行動する主体であったため、西原のシベリア出兵の提言は、中国政策との関連が非常に強い。

西原がシベリアについて初めて触れた政策提言は、一九一七年八月から十一月にかけて執筆された「東洋永遠ノ平和策」であった。[6]しかし、この意見書は、シベリアに関しては、中国との経済的提携関係樹立への努力の後、「更ニ機会ニ投シ」て行われるという程度であり、政策提言としては具体性に乏しいものであった。ところがロシア革命の進展によって、急速に西原の出兵構想は具体的なものになった。一九一七年十二月二十六日に執筆され、寺内首相に提出された意見書「時言」[7]は、情勢を「未曾有ノ国難」と断じ、この危機を脱する「転禍為福ノ一大鉄案」として、シベリア鉄道沿線を軍事占領し、あわせて中国との関係改善、日本の政治経済組織を改革するというプランを描いてみせたのである。これと同時に、西原は閣僚、軍人にシベリア出兵を熱心に説きつづけ、その傍ら出兵世論高揚のための組織「国運発展期成会」を作って行動した。[8]西原の行動は国内に対してだけではなかった。亡命ロシア人アンドレーエフ(Andreev)なる人物に資金を与えてロシアに潜入させようとした工作は有名である。[9]ただ西原の構想は、対中国政策の刷新、日本の政治経済体制改革が中心であり、シベリア出兵はその手段としての色彩が強かった。[10]

陸軍は、シベリア出兵が政策的に決定された場合に、実行を担当する主体であった。彼らは彼らなりの合理的な判断をもって、シベリア出兵問題への対応をしていた。

陸軍軍人の中には、荒木貞夫のように、一九一七年八月の時点で既に、ロシアの首都を防備する名目で日英混成軍を派遣するという構想を持つものもいた。[11]ただ、組織的に陸軍が出兵問題に対して反応したのは、ヨーロッパ戦線へ向けて日本から陸軍兵力を派遣してほしいという連合国の要請にどう対処すべきかという「欧州出兵問題」が最初であった。一九一七年十月、陸軍参謀本部は、この問題に対する陸軍の回答として「欧州出兵ニ関スル研究」を作成し、政府側に提出した。[12]陸軍内部には、既にヨーロッパへの出兵を含む大規模出兵を主張するものがいたため、[13]「出兵行為ハ難事ニ属スト雖モ決シテ不可能ニアラス」という両論併記の部分を含みながらも、結論として日本の出兵は「為ササルニアラスシテ真ニ事情之ヲ許ササルニ在ルコト」であることを外交ルートで主張すべきだというものにとどまっていた。

ところが一九一七年十一月から十二月にかけて、陸軍内部でも具体的なシベリア出兵研究が始まった。一九一七年十一月、陸軍参謀本部は、「居留民保護ノ為極東露領ニ対スル派兵計画」を策定し、関係師団、朝鮮駐箚軍、関東都督府への編制要領の送付、特に朝鮮駐箚軍、関東都督府へは計画内示を行うなどの行動に出た。これは沿海州、満州北部の二方面に居留民保護の目的で軍隊を派遣することを述べたものであった。また、ロシア駐在武官高柳保太郎は、ロシア極東地域に逃亡してきた反革命派を保護するために、同地域をロシアから分離する工作について打診してきた。(14) 軍事行動そのものの問題が前面に出されているため、シベリア出兵の実行後何を行うかという問題についてはまだ触れられていなかった。陸軍がこの問題までを視野に入れて行動をはじめ、「シベリア独立」の路線を実行に移すのは、一九一八年に入ってからのことになるのである。

具体的な政策決定の場にシベリア出兵問題が浮上したのは、一九一七年十二月十七日、本野一郎外相が外交調査会に対して長文の意見書を提出したことによる。(15) 後藤の意見書は、寺内首相個人に向けてなされた提言であったが、この文書は外交調査会という政策決定の場に初めて出兵プランが提出されたという意味を持った。この意見書自体は、いわゆる「独墺東漸論」(このことについては後述する)(16)に立ちながら、結論として「兎モ角欧露及露領亜細亜北満地方ニ於ケル今日迄ノ趨勢ヲ基礎トシテ此ノ際予メ我邦ノ之ニ処スヘキ大体ノ方針ニ付慎重攻究シ置クノ必要アリト信ス」という曖昧なものであった。だが、この後の、一九一七年十二月二十七日の外交調査会での本野と原との応酬に明らかなように、本野は明確に出兵実行への準備をすべきであると説いていた。(17) しかしながら、本野の主張は原に反対され、寺内首相も納得せず、失敗に終わった。この本野の意見書も、日本がロシアの領土分割が行われる際に出すべきと本野が考えている要求が前面に出ていて、シベリア占領地域での日本のなすべき行動ということについての考慮は薄かった。

ロシアの十月革命前後から、シベリア出兵問題が日本の政策形成・決定レベルにおいて登場してきた際に、それぞれの主体がどのような構想を有していたかについて、寺内内閣の閣僚、閣外にいるが政策領域によっては影響力のある人物、また実行主体の陸軍の代表的な出兵構想を概観した。ここで明らかになったのは、シベリア出兵については、軍事的な占領、というところまでは主張しても、占領をどのような形で行うか、ということに関しての具体的な指摘をしたものは、後藤以外に見当たらないということであった。しかも後藤は、食糧・医療援助という非軍事・人道的な領域の活動を行うことに、軍事力行使の正当事由を発見していたのである。西原が中国政策に力点を置き、陸軍が「居留民保護」に大義を求めようとしていた時の、この後藤の構想は注目に値する。北岡伸一氏の研究は、後藤が、かつて満州経営問題で提起した「文装的武備論」で、「王道の旗を以て覇術を行ふ」ことを提唱していたことを明らかにしている。(18) これは、鉄道や病院・学校といった当時の先進的な科学技術を提供する施設を用いて、現地住民の需要に応え、現地住民が当該施設に依存する状況を作り出すことによって、中国側が日本に対して抵抗しがたい関係を構築することを指している。後藤はこの発想に基づき、さらにアメリカのイデオロギー的な外交攻勢をも包含しながら、前述の如き政策構想を出したのである。

だが、この時点では出兵は現実のものとならなかった。いくつかの波瀾を含みながら、出兵問題は年を越すことになった。次の節では、出兵問題が政策として結実するために、外部の状況によって、どのような大義をまとい、いかなる施策のもとに実行されていったのかについて述べることにしたい。

二　「自衛」から「チェコ軍救援」へ

年が明けて一九一八年一月、寺内内閣はイギリスからの「ウラジオストックへの軍艦派遣」の報に驚愕させられた。寺内首相は「怪しからぬ、こうなれば何でもかでも我軍艦を先づ浦港へ入れねばならぬ[19]」と言って、二隻の軍艦を派遣した。一月二十二日の議会でも寺内首相は、「戦禍延イテ極東ノ平和ヲ紊シ累ヲ帝国ニ及ボス場合ニハ、進ンデ機宜ノ処置ヲ執ルコトヲ躊躇シナイノデアリマス[20]」と演説した。しかしながら寺内首相は出兵問題で、公式にはこれ以上の踏み込んだ対応をしなかった[21]。逓信大臣田健治郎は、一九一八年一月三日に「対露政策論文」と題する意見書を執筆し、九日の閣議で寺内首相に示したが、寺内はさほど関心を示さなかったといわれる[22]。軍艦派遣問題が、即座に出兵につながっていったわけではなかったのである。

　これに対して出兵へと動きを加速させようとしたのは本野一郎外相であった。本野は議会では、ロシア情勢に対して「最モ慎重ノ態度ヲ以テ之ニ対スル措置ヲ考慮シナケレバナラヌ[23]」と述べていた。ところが一九一八年二月五日に、駐日アメリカ大使に、自己の個人的意見とことわりつつも、具体的な地理的範囲をあげて出兵をほのめかす発言をした[24]のを皮切りに、三月にいたるまで、出兵の具体的プランを在外日本公館へ向けて発しつづけた[25]。しかもこのことが発覚した際、本野は外交調査会委員牧野伸顕に問われて、外交調査会に提起したところで「議論のみにて無益」と挑戦的な態度をとったのである[26]。しかしながら、一九一八年三月七日、アメリカ政府が日本の出兵問題に対して懸念している旨の電報が届いた[27]ことで、事態は急変した。本野は外交調査会の席上で寺内首相からも非難されることになったのである[28]。その上これまでの本野の行動は、寺内首相との関係悪化を招くことになった[29]。本野は国内的にも、自身の行動を弁解しなければならなくなった。本野の行動は、新聞でも報じられ始めた[30]からである。一九一八年三月二十六日、本野は事前に原敬にまでチェックを受けた原稿を用いて、出兵提議のうわさは「全然誤報」であり、「政府ハ何レノ国ニ向ヒマシテモ、日本出兵問題ヲ発案又ハ提議シタル事ハアリマセヌ」と演説した[31]。だが本野の演説は、議会内での出兵論者尾崎行雄(憲政会)の質問は政友会議員の協力でかわし得たけれども[32]、雑誌から「あれは外交調査会が本野に強要してやらせたもので、実は米国に対する声明サ」という皮肉を浴びせられた。[33]

しかし反面、この事件が、日本の行うシベリア出兵は「自衛」のための出兵であること、[34]またアメリカを含む連合国間の意見の一致を見なければ出兵しないということについての、[35]政策形成主体間での合意を導いた。「自衛」の意味は読むものによって分かれるが、「アメリカを含む連合国間の意見の一致」において、この時点での出兵はしないということになったのである。

ただ、対米関係の重視、という点については、政策形成主体にはジレンマが存在した。対米協調論者として知られる原敬においてすらも、出兵問題で「米国の為すが儘に置くこと固より国家の為に不利益なり、去りとて米国を度外に置く事は絶対に避けたきものなり」[36]と語っていた。寺内首相は、一九一七年十月に執筆した意見書「欧州出兵ノ可否論」で、途中から連合国側に加わったアメリカの態度を「君子ノ豹変」と皮肉を込めて語り、「人道ヲ説キ正義ヲ倡ヘ、大ニ正貨ヲ吸収シテ暴富ヲ致ス」国であるとさえ述べていた。しかしながらこの意見書を一九一八年四月に改稿した際、寺内は「工業国トシテ幼稚ナル我帝国ノ利スル所ハ、北米合衆国ノ獲得セシ利益ニ比シテ九牛ノ一毫タルニ過ギズ」という言葉を付け加えていた。[37]対米協調路線を激しい葛藤の中で表明した意見書に、山縣有朋の執筆した「時局意見」がある。[38]山縣は、出兵実行の場合、日本は「不幸ニモ帝国ノ対露策ニ対シ最モ好感ヲ有セサル米国」に補給を仰がねばならないという理由で、対米協調路線のやむなきを説いた。だがこの文章に続く以下の言葉は、米英両国に対する山縣のすさまじいまでの反感を示している。すなわち、「軍国主義帝国主義ハ果シテ斯ノ如ク悪ム可キモノナリヤ共和主義果シテ善美ニシテ又無併合無賠償果シテ衡平ニシテ正義ナリヤ之ヲ英米諸国ノ発達ノ歴史ニ徴シ彼等ハ曽テ帝国主義ヲ実行セサリシヤ又併合ヲ行ハサリシヤ譬ハ英米ハ既ニ成レル大家ナリ家広クシテ財亦富メリ其ノ収益ハ豊ニ多数ノ家族ヲ給養シテ猶余リアルモ我ハ新ニ興レル小家ニシテ屋狭ク財匱ク而モ多衆ノ子弟ヲ擁シ其ノ資利ハ未タ以テ之ヲ養フニ足ラス夙夜営々猶及ハサルヲ恐ル亦焉ソ一朝不利ニ安ンシテ其大成ヲ忘ルヘケンヤ風雲機アリ一タヒ去テ復タ来ラス尤龍ノ悔自ラ戒ムル所ナカルヘカラサルナリ」。山縣は、自国の帝国主義的発展を阻害するものに対する激しい怒りを内に秘めつつ、対米協調の方へ舵を切らなければならないという決断をしていたのである。

一九一八年四月二日、本野外相が病床より、この意見書が容れられなければ辞任するとまで述べて閣議に送った意見書「西比利亜出兵問題ニ関スル卑見」[39]が伊東巳代治の酷評にあったのも、同様の理由であった[40]。本野の意見書は、出兵実行による日本の利益を、対中国政策との連携、ロシア領土に占領地を持つことによる戦後の講和会議での発言権保持、そして「現ニ精神上並ニ物質上深刻ナル鍛練ヲ経ツツアル欧米列強ノ諸国民ト戦後激甚ナルヘキ国際競争場裡ニ相見ユルノ日」のために「講和ニ先チ我邦民心ノ振興ヲ図ルノ要」があるというような国内対策にわたるまでの七項目に分けて論じていた。これに対して、伊東はむしろ本野の情勢認識に批判を向けた。伊東はアメリカを「米禍」とすら表現しながら、反面で中国との提携関係強化を主張する本野の意見書を「眼中英仏米ナシ是レ果シテ実際的外交ノ策ナル乎」と批判したのである。四月十二日に意見書は閣議にかけられたが、結果的には、①シベリアには「アジア大陸の治安維持と日本の自衛」の目的で出兵する、②できるだけアメリカも含む連合国の賛同を取り付ける、という基本線は変わらなかった。本野の意見書は、なお議論すべき点が存在するという理由で事実上放置された[41]。この段階で本野は、寺内首相との関係も、修復不可能な段階まで悪化し[42]、政治的地位を完全に失墜した。本野は外相を辞任し、この年の九月に死去することになる。

この時期は、日本国内では、寺内自身が病床にあり、一ヵ月あまり閣議に出ないという中で、政界再編や、後藤を首班にした新内閣の構想がうごめいていた[43]。また、国際的には、日本の出兵問題の推移に影響力を持っているアメリカが、国内的に日本の出兵参加に対して意見が割れていて、明確な態度表明ができなかった。(44) これがさらに日本国内でアメリカの対ロシア政策に対する疑念を招くことになった。(45) 六月に作られた後藤の意見書「西比利亜出兵ニ関スル意見」は、ほとんど全文が本野の意見書と酷似していたが、「米国ノ西比利亜活動対抗策」という新たな一節が加えられていた。これは、アメリカはシベリアに野心を持っていないというけれども、彼らが現実に巨大な資本を擁して、中国同様「経済上東方露領亜細亜ニ相当活動スヘキ」ことは間違いない。また、ロシア側も進んで対米提携を求めているという現実がある。将来日本が対米提携・対米拮抗いずれの道を選択するにせよ、シベリアには「現実ニ有力ナル地歩ヲ占ムル」必要がある、というものだった。(46)

対米警戒の反面、この時点で、寺内内閣では、対外的に日本政府として打ち出すべき対ロシア政策を持っていなかった。実務的交渉は熊崎恭モスクワ駐在総領事が行っていたものの、ボリシェヴィキ政権を承認したわけではなかった。(47) 日本が承認していた臨時政府が消滅したため、ロシアに対して武器を売却した日本の業者に、代金が払われなくなるという事件も発生した。(48) だがボリシェヴィキ政権に対し、日本は明確に敵対したわけでもなかった。これには、外交官を含めて、日本の外交政策に関わるものに、ボリシェヴィキ政権は弱体であり、早晩崩壊するか、関係諸国の干渉によって打倒されるだろうという観測があったためとも考えられる。(49)

このように、日本においてシベリア出兵問題は、対ロシア政策の方向性がなく、「自衛」のための出兵はできると決めたものの、「連合国間の協調」という足かせがはめられた状態に陥ったのである。ドイツの東方進出の脅威を論拠にした「独墺東漸論」も、現実の可能性が全く存在していなかった。(50) 出兵を実行するためには、新しい論拠と、新しい状況、そして新しい形式が必要であった。これを作ったのは、チェコ軍の存在と、これを救援すると称してアメリカが出兵を提起したことであった。

アメリカを動かしたのは、シベリアにいるチェコ軍の存在であった。チェコ軍の存在は一九一八年五月には日本にも伝えられていた。また、六月末にはアメリカ政府が何らかの決断をするであろうという観測も届いていた。[51] 既に寺内内閣の閣僚はこの動きに反応していた。七月一日には、本野の後を襲った後藤新平新外相が、伊東巳代治に対して、職を賭して出兵を実行させると言っていた。しかも後藤はアメリカが出兵以外の手段でロシアへの進出を遂げる可能性を語っていたのである。[52] この二日後、外務省政務局は、後藤外相からの命を受けて作成していた文書『『チェッコ、スロヴァック』問題ニ関聯スル帝国ノ対露政策ニ関スル件』[53]を提出した。この文書は、アメリカが軍事力のみならず経済支援などでロシア人に対米好感情を扶植しつつロシア進出を図っているのではないかという警戒感を基礎にして、積極的に日本から出兵すべきことを主張していた。この文書は、「自衛」のための出兵は敵国勢力の活動の徴候が見えない現時点では不可能という認識のもとに、「チェコ軍救援」のための出兵という面を積極的に打ち出すべきと訴えていた。チェコ軍が「帝国ニ隣接シ且ツ帝国ノ最モ利害休戚ヲ感ズル」シベリアで活動している以上、日本は率先して出兵しなければならないというのであった。ここに、これまでの政策形成主体間の合意を打破する事態が発生したのである。しかもこれは、陸軍の当初打ち出した「居留民保護」のための派兵ではなく、また「自衛」のための出兵でもなかった。国益に関わる出兵でありながら、前面に出すのは「国益擁護」を想起させるものではなかったのである。

出兵が最終的に確定した、一九一八年七月十六日から八月一日に至るまでの内閣と外交調査会の動きは複雑である。細谷千博氏の著書はこの変転を詳細に明らかにすることを試みた。[54] 詳細な動きは紙幅の関係上そちらに譲り、ここでは、シベリア出兵の発動に向かっての最終段階の期間に、これまでの諸構想が変容した瞬間と、これを促した認識について明らかにしたい。

出兵構想からの変容として注目すべき点としては、まず外交調査会で、この段階でアメリカの提議した「ウラジオストックへの出兵」が、最終的に日本のシベリア出兵を「自衛」のための出兵から切り離したことであった。原敬は政友会の幹部に対しては、ウラジオストック出兵には日米関係の観点から合意するが、シベリア出兵は国民的合意を得られるまで延期すべきであると主張する旨語っていた。[55]反面、伊東巳代治は、七月十六日の外交調査会の席上で、「自動的出兵ノ余地」を作るための出兵であることを公然と主張していた。しかも、伊東のみならず寺内首相も、アメリカが出兵を「ロシアへの軍事干渉ではない」と言っていることを席上公然と欺瞞であると述べていた。寺内首相にいたっては、ウラジオストックへの派兵区域限定論を「政府トシテ到底首肯シ難キ所」と語り、原や、出兵慎重論者の委員牧野伸顕らを批判していた。[56]ところが、ここで原は「ウラジオストックへの出兵と自衛的出兵は同時並行的に行われ、シベリア出兵はウラジオストックへの出兵の当然の結果」という内容の伊東の説明に簡単に同意を与えた。[57]だが、「自衛的」な出兵を予期させられる語句が対米回答文から削除された。[58]また後藤外相から中国・ロシア国境の黒河在留の郡司智麿書記生に、日本人居留民のみならずロシア人住民に向けて、日本の出兵について、①ロシア人に「支援及救助」を与えるものであり、ロシアの領土を侵害したり内政に干渉したりする意図を持たない、②日本人居留民に引揚げを命じることはしない、という内容を文書で伝播せよという指示が出されていた。[59]出兵前に既に、現地へ向けて「居留民保護」の出兵であることを否認していたのである。

次に注目されるべきは、「チェコ軍救援」についての問題である。チェコ軍がロシアの反革命派と共闘していることは既に政策形成主体の間では知られていた。「チェコ軍救援」は「ロシアへの内政不干渉」という宣言と矛盾することは、外交調査会だけではなく、七月二十六日枢密院で内閣から出兵問題への説明がなされた際にも指摘されていた。末松謙澄は、寺内に対して「露国ニハ兎モ角モ「レーニン」政府アリ「チェック、スロヴァック」兵ニ武器ヲ供給シタル時ヨリ正ニ露国ニ対シテ敵対行為ヲ為シタルニ同シ其ノ間ノ理義果シテ如何」と問いただしていた。濱尾新は、「「チェック、スロヴァック」兵ハ旗ヲ浦潮ニ挙ケテ現政府ニ反抗スルモノナルカ故ニ之ニ援助ヲ与フルトキハ現在及将来ノ露国政府及人民ハ如何ナル感情ヲ起スヘキカ殊ニ今回ノ出兵ニ対シテ露国現政府ヨリ抗議アリタルトキハ我政府ハ如何ナル態度ヲ執ル積ナルカ又此ノ出兵ハ列国カ露国ニ対スル聯合干渉ニ著手シタルモノニ非サルカ」と尋ねていた。(60) チェコ軍がロシアの現政権に対して武力攻撃をしていることが知られている以上、出兵はボリシェヴィキ政権との戦争にしかならないはずであった。しかしながら、寺内内閣側(寺内と後藤が説明にあたっていた)はこのような疑問点に関して十分な回答を与えることができなかった。(61)

しかしここまで決められていたにもかかわらず、寺内内閣の内部は、政党勢力を含んだ一諮問機関の外交調査会が、実質的に出兵問題を決定していること、そして決定の内容が「日米共同」出兵であることへの不満が渦巻いていた。(62) アメリカ政府が日本の対米回答文にさらに注文をつけた再回答をきっかけに噴出した不満は、七月三十一日の閣議の混乱を招き、翌八月一日の外交調査会に、日本の自主的出兵の可能性を示唆する一文を含めた出兵宣言文案が登場するという事態を引き起こしたのである。(64) 伊東巳代治が、八月一日の外交調査会で、「明快ニ米国ノ提議ヲ論評シ帝国ノ之ニ処スヘキ方針ヲ巧ニ論述」したと参謀本部の戦史『西伯利出兵史』に評価せしめた演説はこの中でなされたものである。伊東の演説は、アメリカは「表面ハ浦潮出兵ノ看板ノ下ニ隠レテ其ノ実裏面ハ西比利亜出動ノ計画」をしていると、アメリカ側の掲げた出兵の大義の欺瞞性を繰り返し指摘しつつ、日本がこれに正面から対決することは避けるべきだというニュアンスで貫かれていた。(66) 寺内首相がこれを受けて、閣僚から出た出兵宣言文案を一切撤回し、最終的に「日米共同」の「チェコ軍救援」出兵は確定されるに至ったのである。(67)

このような過程を経て決定され、一九一八年八月二日に内閣告示の形で出されたシベリア出兵宣言(68)は、「チェコ軍救援」「ロシアへの内政不干渉・主権不侵害」そして「ロシア及びロシア国民との友好関係の維持」を謳うものとなった。派兵区域の拡大の可能性は「先ッ」という一語に圧縮された。しかも、ボリシェヴィキ政権にどういう態度を取るかは、ここにおいても全く表明されなかった。ロシアの特定勢力を敵視するような表現は可能な限り削られていた。

だが、アメリカは「ロシア国民の救援」の大義を、技術者などの派遣で現実に見えるものにすることを日本に通告していた[69]。この政策に対抗するためには、新たな政策が打ち出されなければならなかったのである。次の節では、この問題を扱う。

三 「新しき救世軍」の誕生

シベリア出兵宣言が出された時点で、既に日本の出兵は、当初構想された「自衛」の出兵という大義を離れ、連合国の一員であるチェコ軍を救援するためのアメリカ軍と共同での軍事力の出動という形式を取っていた。だがアメリカが「ロシア国民の救援」を、技術者の派遣という形で実質化することに、日本側も対応しないわけにはいかなかった。そもそも出兵が、寺内内閣の自主的出兵論者の反対も押し切って「共同出兵」という形で実行されたのは、このようなアメリカの対ロシア進出が、シベリア地域でのロシア住民の親米感情を育成することを警戒したからであったから、ロシア人住民に日本への親近感を与える施策の実行も立案されなければならなかった。このための組織として登場したのが、「臨時西比利亜経済援助委員会」であった。この委員会の創設過程については、波多野勝氏の論文がある[70]。本書では、この委員会の創設が、シベリア出兵にこれまで日本の経験しなかった新しい軍事力行使の大義と形式を賦与したことを明らかにしたい。

この委員会に関する構想として現存している最も初期のものは、後藤新平が外相になった後の、一九一八年六月七日に作成されたものである。これは単に、技術者や学術経験者を含む経済視察委員を、シベリアの特定地域に派遣するというものであった。そしてこの構想は、外務省内にシベリアに関する情報を収集し、委員の派遣に関する組織を作ることが考えられていた。このプランはまだ、単に日本がシベリアの占領地で獲得できるであろう経済的利権の調査をするというものに止まっていた。[71]

後藤はこの文書が作られた後から、熱心に「ロシアの救援」を語りはじめた。六月二十八日、露亜銀行総裁プチロフ(Putilov, Aleksei I.)との会見で、後藤は日露協会や赤十字社の事業として、食料品・衣料品を「救援ノ趣旨ヲ以テ」ロシアに送ることを語っていた。[72]七月二日に伊東巳代治と会談した際には、出兵は「自衛」の他に、「露国民救済」も加えなければならない、しかも「自衛」は一―二ヵ月猶予してもよいが、「極東露領ノ不秩序」を救うのは「実ニ目下ノ急要」と語っていた。[73]のみならず、後藤は外務省の書記官木村鋭市、松岡洋右に対して、「シベリア露国窮厄ヲ匡救援助スル施設」に関する研究を命じた。ここで後藤が、この機関は「露国々力ノ復興ノ努力ヲ助クルノ施設ナリ」と記したことでも分かるように、後藤にとっては、シベリア出兵という軍事力の発動においても、ロシア人住民の「救援」は、場合によっては「自衛」よりも全面に押し出されるべきものと考えていたのである。[74]この後藤の行動は、第一節で触れた、内相時代の政策提言の現実化へ向けた動きとして見ることができるであろう。後藤にとって、ロシアという国家自体が、日本の長期的に提携していかなければならない大国であった。「ロシア国民の救援」は、この国家を、第一節で述べた「王道の旗を以て覇術を行ふ」手段によって、日本優位の提携関係に持ち込みうる好機であったと考えられる。しかもこの政策は、これまで日本が提携していたロシア帝国の崩壊、アメリカのロシア進出が考えられる状況で実施されなければならなかった。[75]

アメリカの対日出兵提議は、シベリア出兵の外的状況を大きく変えた。「自衛」は日本が掲げるべき出兵の大義として適当ではなくなった。また前節でも記したように、アメリカの出兵は「ロシアの救援」を「チェコ軍救援」と並行すべき大義として掲げていた。この中で、「経済視察委員」の構想は急速に姿を変えていくことになった。七月二十三日の日付のある外務省の文書は、「露国人ノ現在最モ欠乏ヲ感シツツアル物資ヲ供給シテ彼等ノ人心ヲ収攬スルト同時ニ調査ヲ為シ商権確立及利権獲得ノ歩武ヲ進ムルコト」を目的として、外務省内に関係省庁(陸海軍省を含む)および、企業家などを含めた委員会を設置する構想を語っていた。[76] この委員会は、日本軍の前進に伴い、委員を現地に派遣すること、政府の資金的な保証のもとに「シンジケート」を作らせ、日本企業のシベリアをめぐる同士討ちを防ぐことが記されているという点では、この後の準備会議で出た資料により近い。

七月二十六日と二十九日に、外相官邸において、後藤をはじめ、大蔵官僚出身の人物目賀田種太郎や、朝鮮銀行総裁美濃部俊吉、外務・大蔵官僚らで構成されるシベリア経済援助のための準備会議が開催された。二十六日に出された二つの文書は、一つはシベリアへの日本企業進出が、日本企業同士の市場争奪戦になることを防止するための機関を創設すべきことを主張するものであった。この機関は外務、農商務、大蔵、陸海軍などの関係省庁の官僚から構成される官庁横断的なものとされていた。もう一つの文書「松岡事務官案」は、ロシア人住民への援助物資供給ルートの確立と、アメリカなどの動きに対抗する「帝国ノ経済的活動ノ基礎」確立の必要を説くものであった。このために政府が民間企業に資金援助の形で支援を与えるというものであった。また、この「松岡事務官案」は、対ロシア支援を、日本軍占領地域や反革命派の支配地域に対し、当座の生活必需品を供給するなどの「一時的救済」と、鉄道・船舶輸送の改善、ロシア政府がかつて定めた輸出入制限措置の撤廃などの条件を付けて、反革命派の地方政権の発行する公債を日本政府の保証付きで日本の金融業者に引き受けさせるという形の「永続的救済」に分けて論じていた。基本的にこの「松岡事務官案」は、活動の主体は民間企業の「シンジケート」に委ねるものであったが、外務省内に諸活動を統轄する委員会を置くことや、この委員会の構成などの構想において、後に実現するものに接近していた。[77]ただどちらの文書も、軍事力の行使とともに経済援助を並行しなければならないという認識が共通してみられた。さらに二十九日の会合では、注目すべき合意がなされた。それは、このシベリア経済援助は、活動範囲に旧ロシア勢力圏であった北満を加えること、そして経済援助に関して、日露共同の方針は明文化されたが、日米の共同作業については、「随分議論ノ有ル所ナレハ」明文化しないと決められたことであった。「北満での活動」の合意は列強勢力の空白地帯に入り込むという日本の意向を示したものであったが、後者の合意と重ね合わせると、外交上での日米競争の現れという面と、国内的に対米強硬論者への配慮という面との二つの側面が浮かび上がる。[78]

この合意の下、委員会編成は強力に進められた。波多野氏も指摘しているが、委員会編成に関しては、省庁間の権限配分などの点で異論が出ていた。また、委員会を国家機関として編成すべきかどうかという点でも、実は完全な合意が得られていなかった。[79]だが、この委員会は、そのような異論を棚上げにし、外交調査会に一度も諮問されず、[80]八月九日の閣議決定、十七日の勅令による「臨時西比利亜経済援助委員会官制」公布を経て発足した。この委員会は、目賀田種太郎を委員長とし、外務省、大蔵省、農商務省、逓信省、そして鉄道院という官庁に加え、行動主体である陸海軍、また満鉄や朝鮮銀行のような植民地経営機関、そして銀行関係者までを加えた大掛かりな組織であった。もはや米騒動で失速しはじめていた寺内内閣の、[81]シベリア出兵に関する最後の仕事ともいうべきものであった。この過程では、イギリスからの政治的懸念も伝えられた。イギリスは、「英国政府ハ斯ル救済ノ提供ハ聯合軍ノ西比利亜出兵ニ伴フヘク且聯合国間ノ合意ニ依リ実行セラルヘキモノナリト思惟ス」、日米両国が地理的にこの事業を主として担うのは分かるけれども、「現下ノ状況ニ於テ実行セラレ得ル限リ充分ニ聯合国共同ノ行為タル性質ヲ帯ヒシムルコト甚タ望マシキコト」と主張して、日米の「対ロシア援助」での突出を牽制しようと試みていたのである。[82] だが、それにもかかわらず委員会は発足へと動いた。

一九一八年八月二十一日の臨時西比利亜経済援助委員会の初会合で行われた寺内と後藤、特に後者の演説は、シベリア出兵が新しい大義のもとに遂行される対外戦争であることを示すものとなった。まず寺内首相は、ロシア革命後の混乱で生じたロシア国民の困窮を救う事業は、これまでロシア側の秩序回復が遅れていたためできなかったが、今日日本軍が「チェコ軍救援」で出兵したため可能になったと述べた。そして寺内はロシア国民の渇望する物資の供給、産業の復興、通商の振興は、「帝国当然ノ責務ニシテ且善隣相拯フノ常道」であり、そのために各界の人士を選んで「機宜ヲ逸セス経済的援助ヲ為サムコト」を期したのであると語っていた。

続いて後藤が演説した。後藤は、日本の上下がロシア国民に対する同情を抱き、彼らへの救済を行おうとするのは「是レ啻隣邦ノ情誼ト云フ一点ノミニ止マラスシテ帝国伝来ノ正義人道ノ発現ニ外ナラス、即チ身ヲ挺シテ東洋ノ為ニ将タ世界ノ為ニ力ヲ致サントスル帝国ノ至情ニ出ツルモノテアリマス」と述べた。

その上で後藤は、全く新しいシベリア出兵の大義を掲げた。すなわち

「今回帝国ノ出兵ハ徒ニ遠征長躯、単ニ討伐侵略ヲ事トスルモノトハ全然其ノ性質ヲ異ニスル高尚ナル意義ニ由来スルコトハ卑言ヲ俟スシテ、各位ノ既ニ諒察セラルル所テアリマス故他言ヲ費スノ要ハアリマセンカ、唯一言申シマスレハ畢竟此ノ軍ハ新シキ救世軍テアリマシテ、此ノ軍ノ目的ヲ達成スルモノハ即チ本会ノ事務ノ上ニ存

ス、是レ御互ノ任務ノ極メテ重大ナル所以テアリマス

帝国ハ茲ニ新シキ四海兄弟主義ヲ以テ隣国救援ノ実ヲ挙ケ、之ニ由テ秩序ノ回復ヲ促シ、其ノ窮ヲ拯フテ安ニ居ラシメ、所謂愛ノ理、心ノ徳ヲ普及セシメテ、東洋ニ雄タル帝国ノ真面目ヲ発揮シ歴史上稀ニ観ル我ノ温情ヲ隣民ノ胸底ニ覚ラシメ、以テ旭光ノ恵沢ニ対スル理解ヲ彼等ノ間ニ与ヘンコトヲ希フノテアリマス」（傍点は井竿）[83]

以上のように、後藤は日米両軍を中心とした各国混成の軍隊によってなされる出兵を、討伐や侵略とは全く意味の異なる「新シキ四海兄弟主義」に基づく「新シキ救世軍」であると名づけたのである。ここにシベリア出兵は、これまでの政策形成主体が打ち出しえなかった全く新しい理念と装置を持った、対外的な軍事力の発動として登場したのであった。しかも、出兵宣言で「チェコ軍救援」の目的のみを掲げたのと同様、一切日本の国益に言及しなかった。また、これは寺内にも共通することだが、ロシアの特定の政権を支持・敵視する発言が一切なされていないことに注目すべきであろう。日米両国軍隊を中核とした連合軍が、連合軍の一員である民族自決の大義を掲げていたチェコ軍を救い、さらに革命で疲弊したロシアの住民に援助を与えるという戦争として、シベリア出兵は現れたのである。しかもそれが対外的に声明される単なるレトリックではなく、一定の実質をまとうものとなった。

シベリア出兵に、戦略的な経済援助を組み合わせていくことの必要性は、アメリカとの対ロシア進出競争という観点からメディアでも歓迎される傾向が存在した[84]。しかも、この「新シキ救世軍」としてのシベリア出兵は、出兵に批判的とされたメディアも賛同したものであった。『大阪朝日新聞』は、一九一八年八月二十三日付（発行は前日）の夕刊に、「新しき救世軍」という以下のような短いコラムを掲載した[85]。

「後藤外相は、今回の西伯利出兵を「新しき救世軍」だといった。後藤男の口から此の言を聞く時に、世人は之を只男の例の思ひつきの言葉としか解しないが、併し、行るならば徹頭徹尾その積りで行らなければならぬ事勿論である。但、内国をすら救へない者が、果して能く外国を救ひ得るか。由来空念仏では往生は難かしいものである。」

この文章は、「新しき救世軍」というスローガンを「後藤の思い付き」と言い、米騒動と関連させて政策実行の可能性を危ぶんだりしてはいるが、出兵をそのようなものとして遂行することに異議を唱えてはいない。寺内内閣がそのような出兵をなしうるかどうかに疑問符を付けただけのものであった。

しかもこの形でのシベリア出兵は、この後首相となった原敬も、簡単には排除できないものであった。原は、首相就任後、党機関誌『政友』誌上で「チェコ軍救援」の事例を挙げて「各国国民間の同情の念、人類共同の親愛の念、これが戦争に依つて生じた新精神」と語った。そして原は、「国家としても、只自国の利益さへ計ればよい、他国の人民の利害などは考へなくてもよいと云ふ思想は、漸次今の時代には容れられぬ事と思ふ」と述べた。その上で原は、シベリア出兵について「日本も西伯利に陸軍を出して居る、自分は我出征将卒が所謂露国人民を助けると云ふ心を以て日本軍の到る処、徳を以て、其地方の人民に喜ばれると云ふ状態にある事を希望する、個人としての善行の貴ぶべきが如く、国家としても善行は尊敬すべきである」と主張し、シベリア出兵が、日本国家が国際的に行う「善行」であると表現したのである。(86)

以上のように、シベリア出兵は、「臨時西比利亜経済援助委員会」の発足とともに、「チェコ軍救援」に加えて、「ロシア国民の救援」という大義を掲げることになった。しかも委員会の創設過程において分かるように、占領地での経済的収奪を思わせる「経済視察委員派遣」構想が撤回されている。対外的にはアメリカの、シベリアへの技術者派遣という行動を受けてのことであると考えられるが、国内的にも後藤新平のように、「自衛」を後回しにしても「救援」を実行することが得策と考えた政策形成の主体がいたことも、「経済視察」から「経済援助」への転換をはかりうる契機になった。また、このような軍事行動を起こすにあたり、ロシアの特定の勢力に対する支持も敵対も宣言されなかった。このようにして、日米共同による、「チェコ軍救援」と「ロシア国民の救援」を旗印にした、「新シキ救世軍」とボリシェヴィキ政権との宣戦布告なき戦いが始まったのである。

シベリア出兵は、構想から現実の政策決定・発動に至るまでに、大義および発動の形式において、大きな変容を被った。当初、ドイツ・オーストリアからの「自衛」という大義のもとに、居留民保護や、中国政策進展を正面に掲げようとした出兵は、遂には「日米共同」による、「チェコ軍救援」の出兵となり、最後にはロシア国民の救援にも従事する「新シキ救世軍」として表現・実行されたのである。変容を促した外的な条件としては、アメリカのロシアへの兵力派遣が、「ロシアの救援」というスタイルをもって現実化したことである。アメリカの国際社会での急速な勢力伸張は、日本にとって好ましくはなかったが、正面から対決するわけにもいかなかった。日本は、彼らの掲げる理念的側面を、受け容れるわけにはいかなくても峻拒することもできなかった。伊東巳代治が、アメリカを「米禍」と罵りながらも、アメリカの出兵提議に応じ、「日米共同」の出兵を、内閣内部の反対まで押し切って推進させるために働いたのもそのためであった。

そしてまた、国内的に、後藤新平という人物の存在が、この出兵構想の変容に大きな役割を果たしていたといえよう。後藤がロシア十月革命前後に提起した、ロシアへの食糧・医療援助構想は、結果として「臨時西比利亜経済援助委員会」として結実した。しかもこの政策の実行こそが、シベリア出兵に、「新シキ救世軍」という、出兵批判者にも正面からは反対しがたい出兵の大義と形態を与えたのである。後藤の、日露関係を重視する国際秩序の考え方、そして中国政策で編み出した「王道の旗を以て覇術を行ふ」手法が、アメリカの対ロシア援助攻勢に際して、「対ロシア援助」を前面に押し出したシベリア出兵を構想しえたのである。シベリア出兵が、日清・日露の戦争と異なる「新シキ救世軍」として後藤の口から発せられたことは、以上のような背景を持つものであったといえよう。

このようなシベリア出兵の政策決定の過程においては、議会はほとんど重要な役割を果たしえなかった。特に、野党第一党であった憲政会は、出兵決定に関してほとんど何らの影響力も行使しえなかったのである。(87)

ただし、本書においては、基本的に文官によるシベリア出兵決定の過程を追っていたため、出兵の行動主体である「陸軍」の存在について十分検証することができなかった。陸軍は、やはり政策の実行主体として、軍事的な合理性の観点から、種々の政策構想を生み出していた。また、寺内首相自身が、陸軍元帥であった。シベリア出兵における、日本国内の政策決定と軍事上の合理性に基づく利害との絡み合いの問題については、改めて考えなければならない。(88)

(1) 本章にかかわるものとしては、細谷千博『シベリア出兵の史的研究』有斐閣、一九五五年。同時期に発表されたもので、細谷氏と同様の問題意識と方向性を持ったものに、大浦敏弘「極東ロシヤに対する米日干渉とその破綻についての一考察」『阪大法学』一二号、一九五四年および一五号、一九五五年(未完)、小林幸男「シベリア出兵における日米共同関係の断絶」『法学』(近畿大学)三巻三号、一九五五年、「シベリア干渉とニコライエフスク事件」『法学』(近畿大学)五巻三号、一九五六年―七巻一号、一九五八年(未完)、Morley, J. W., *The Japanese Thrust into Siberia, 1918*, Columbia University Press, New York, 1957. 雨宮昭一「近代日本における戦争指導の構造と展開」『茨城大学教養部紀要』七号、一九七五年および八号、一九七六年、「戦争指導と政党」『思想』、六二二号、一九七六年(ともに現在は『近代日本の戦争指導』吉川弘文館、一九九七年に収録されているが、単行本に収録されるに際して、この二編の論文は合体させられている)。髙橋治『派兵』(全四巻、未完)朝日新聞社、一九七三―一九七七年、原暉之『シベリア出兵』筑摩書房、一九八九年、高橋秀直「原内閣の成立と総力戦政策」『史林』六八巻三号、一九八五年、また「総力戦政策と寺内内閣」『歴史学研究』五五二号、一九八六年。

(2) この機関については、小林龍夫「臨時外交調査委員会の設置」『国際政治』六四巻二号、一九六五年、また雨宮昭一「戦争指導と政党」『思想』六二二号、一九六七年(現在は著書『近代日本の戦争指導』吉川弘文館、一九九七年に収録)を参照。外交調査会の規則(内則)については、小林龍夫編『翠雨荘日記』原書房、一九六五年、二一〇―二一二頁。

(3) 例えば、満鉄理事川上俊彦の「露国視察報告書」『日本外交文書』大正七年第一冊、五七〇―五九四頁。これについては、原暉之、前掲『シベリア出兵』も参照。

(4) 意見書は、「伊東伯爵家文書　後藤内務大臣ノ意見書」『憲政史編纂会収集文書』五八九(国立国会図書館憲政資料室所蔵)。この意見書についての指摘は、小林幸男「欧州大戦と日本の対露政策」『国際政治』二三号、一九六三年(後に著書『日ソ政治外交史』有斐閣、一九八五年に収録)がある。筆者は以前発表した拙稿「シベリア出兵構想の登場」『九大法学』六八号、一九九四年で、小林道彦氏の論考「世界大戦と大陸政策の変容」『歴史学研究』六五六号、一九九四年を批判して、この意見書は政策形成過程に乗らなかったのではないかと記した。しかし本書の考察の結果でもわかるとおり、この意見書の構想は、一部変容したとはいえ、実現したものもある。筆者は前掲拙稿執筆当時の、史料検討、その後の見通しについての考察の不充分さを猛省している。

(5) 西原借款については、代表的なものとして、谷寿子「寺内内閣と西原借款」『東京都立大学法学会雑誌』第一〇巻一号、一九六九年、大森とく子「西原借款について」『歴史学研究』四一九号、一九七五年、富永幸生執筆、鹿毛達雄訳(原文がドイツ語で書かれていたため)「西原借款と北進政策」『歴史学研究』四五一号、一九七七年、斎藤聖二「寺内内閣と西原亀三」『国際政治』七五号、一九八三年、同じく斎藤氏の「寺内内閣における援段政策確立の経緯」『国際政治』八三号、一九八六年など、多くの研究がある。

(6) 「東洋永遠ノ平和策」は『西原亀三文書』三三冊(国立国会図書館憲政資料室寄託、番号は憲政資料室の簿冊のもの)に所収。ただし「東洋永遠ノ平和策」と題された文書は二種類ある。一つは本節で検討するものであるが、もう一つは「本計画ハ張勲ノ復辟運動ニ関連シ在京、和蘭公使ノ北京政府ニ対スル態度ノ不遜ナルニ乗シ支蘭ノ交渉ヲ紛糾セシメ以テ本計画ヲ実行セント欲シ寺内首相ト本野外相勝田蔵相ニ夢物語トシテ提示セルモノナリ」という前書きが付けられたものである。内容としては、中国軍に援助を与えてオランダ領のインドネシアを占領させ、日本がこれを買い取るといった大規模な計画である。小林道彦氏の前掲「世界大戦と大陸政策の変容」は、この時期政界で、対外政策構想として南進論が語られていたことについて触れている。執筆日時に関しては、山本四郎編『西原亀三日記』京都女子大学研究叢刊、一九八三年によった。この意見書について、全面的な分析をしているものには、波多野善大『中国近代軍閥の研究』河出書房新社、一九七三年がある。

(7)「時言」は山本四郎編『寺内正毅内閣関係史料』下巻、京都女子大学研究叢刊、一九八五年、四二五—四二八頁。執筆時期に関しては、前掲『西原亀三日記』を参照した。

(8)前掲『西原亀三日記』の当該時期の記述を参照。「国運発展期成会」ならびにこの団体が開催した演説会については、西原の自伝『夢の七十余年』平凡社東洋文庫、一九六五年、一七三—一七四頁を参照。「国運発展期成会」について、日記の十一月十九日の記述によれば、西原は勝田蔵相から創立費二、〇〇〇円を受け取っていた。民間でどのようなシベリア出兵論が流布されていたかについては、拙稿「シベリア出兵論の構造と背景」『九大法学』七八号、一九九九年。

(9)アンドレーエフ工作について言及したものには、Morley, *op. cit.* や、原暉之、前掲『シベリア出兵』がある。『西原亀三日記』の記述によれば、一九一七年十二月二十二日には勝田蔵相と、二十三日には田中参謀次長と会見し、アンドレーエフらの派遣について協議している。さらに田中との会見で「同中将モ同意セラレ派遣スルコトトナス」とあるように、陸軍側の一部の了解は取れていた。

(10)ただ、西原も、シベリアの占領地域を日本円の経済圏にする考えを持っていた。『夢の七十余年』一七九頁においても、「シベリア独立軍をして鉄道沿線に日本紙幣をバラまかせ、あとから行く日本遠征軍の、軍旅の便に資するようにされたいということを献策しておいた」とある。後にこれは、朝鮮銀行券を流通させるという形で実現されることになった。

(11)「時局ニ対シ帝国ノ対露方策」『荒木貞夫文書』第一期、五二(東京大学法学部・近代日本法政史料センター所蔵)。ただし執筆後どこに提出されたかはここからは明らかではない。

(12)「欧州出兵ニ関スル研究」は、参謀本部編『大正七年乃至十一年西伯利出兵史』(本論文作成にあたっては、一九七三年の新時代社の復刻本を用いた。以下、『西伯利出兵史』と呼ぶ。巻数、頁は原本のもの)第一巻付録編、一九二四年、七—二八頁。この意見書の内容分析については、平間洋一『第一次世界大戦と日本海軍』慶應義塾大学出版会、一九九八年を参照。

(13)例えば宇垣一成はその一人である。

(14)『日本外交文書』大正六年第一冊、六六〇—六六一頁。ただし、受領されたのは翌年になってからのことである。

(15)この文書は、『日本外交文書』大正六年第一冊、六六三—六六九頁。付属文書も収録されている。

(16)この「独墺東漸論」は、シベリア出兵論の中ではよく論拠として用いられた。小林道彦氏が著書『日本の大陸政策』南窓社、一九九五年や、「帝国国防方針の補修と日本陸軍」『北九州大学開学五十周年記念論文集』北九州大学法学部、一九九七年の中で指摘している、日露戦後から既にあった「露独同盟」への恐怖感が、ソヴィエト・ロシアがドイツと休戦・単独講和に応じたときに蘇ったからではないかと考えられる。このことについては第三章でも触れる。

（17）『原敬日記』（一九六五年に福村出版で刊行されたものを用いたが、一九九八年、北泉社より影印版が刊行された。こちらも適宜参照した。以下、日記の日付を記す）一九一七年十二月二十七日の項。この時のやり取りについて記した最初のものは、Morley, *op. cit.* である。

（18）北岡伸一「外交指導者としての後藤新平」『年報近代日本研究』二号、一九八〇年。

（19）加藤寛治大将伝記編纂会編・刊行『加藤寛治大将伝』一九四一年、六六七頁。藤田尚徳の回想。

（20）『帝国議会衆議院議事速記録』三四巻、東京大学出版会、一一頁。

（21）「公式には」と断ったのは、寺内は陸軍に対しては自らの「シベリア独立」構想の実現を望んでいたからである。これについては、一九一八年一月五日、大島陸相から田中義一への書簡、『田中義一文書』六〇二（山口県文書館所蔵、国立国会図書館憲政資料室寄託）を参照（第二章でも述べる）。

（22）『田健治郎日記』（国立国会図書館憲政資料室所蔵）一九一八年一月三日、九日の項。寺内の対応については、『原敬日記』一九一八年三月五日の項（横田千之助から聞いた話、として書き留めている）。また、この出来事は、政界の噂として一般に広げられていた。「政界有象無象」『太陽』二四巻五号、一九一八年、二二頁を参照のこと。なお、田の意見書「対露政策論文」は現在筆者未見。

（23）『帝国議会衆議院議事速記録』三四巻、一一―一二頁。

（24）『日本外交文書』大正七年第一冊、六三三―六三四頁。

（25）本野は三月六日になってはじめて、珍田大使に向けて「貴電第二〇五号末段日本ノ行動地域延長ノ件ハ当分ノ中帝国ノ意嚮ハ勿論本大臣一箇ノ意見トシテモ発表致サザル方可然ト思考セラルルニ付右御含ミノ上先方へ御挨拶アリタシ」と行動区域について詳細を述べるのを中止するよう訓令した（前掲、『日本外交文書』六八六頁）。

（26）『原敬日記』一九一八年三月四日の項。

（27）『日本外交文書』大正七年第一冊、六九〇―六九三頁。

（28）『原敬日記』一九一八年三月九日の項。

(29) 山本四郎編『寺内正毅日記』京都女子大学、一九八〇年。一九一八年三月十四日の項に、「頃日外交上ノ議外相トノ間面倒トナレリ。今朝長ク会談セリ」とある。

(30) 「日本出兵の協議」『大阪朝日新聞』一九一八年三月三日。アメリカからの報道、という形をとっている。

(31) 本野の演説は、『帝国議会衆議院議事速記録』三四巻、六一九頁。本野の演説文は、当初の草案は、伊東巳代治によって、外交調査会内部の合意にも違反している上、議会でこのようなものを発表したら「実に容易ならさる事態を惹起すへし」とまで批判された(伊東巳代治から本野外相宛書簡、一九一八年三月までは分かるが執筆日時不明、『後藤新平文書』雄松堂フィルム出版、四八リール、一九八〇年)。その後、寺内からロシア情勢の説明を加えるように要請されたようだが、「露国之状況云々との御下命も有之候へ共是ハ矢張申ササル方可然と存候」とこれは本野のほうから断った(本野から寺内宛の書簡、一九一八年三月二十四日、『寺内正毅文書』一七八-五、国立国会図書館憲政資料室所蔵)。三月二十五日に寺内から原に案文が内示され、「大体米国に返答せし趣旨を文書になしたるものにして、一読して異議なき旨を告げたり」(『原敬日記』一九一八年三月二十五日)と原が納得して、初めて本野の演説はなされたのである。

(32) 尾崎の発言は、『帝国議会衆議院議事速記録』三四巻、六二〇頁。尾崎が本野を批判したことについては、原、前掲『シベリア出兵』が記している。この尾崎の演説は、激しいやじの飛ぶ議場で行われた。尾崎は「私ハ無論出兵ヲ希望スル者デアル、世界ノ大戦争、関ヶ原トモ謂フベキ決戦ニ、一等国トシテ参加シタイト云フ希望ト熱情トヲ持ッテ居ル者デアリマス」(『帝国議会衆議院委員会議事録』一四巻、臨川書店、一九八二年、二二一—二二二頁、一九一八年三月六日の演説)と自身演説の中で述べているように、熱心な出兵論者であった。

(33) 前掲「政界有象無象」二一頁。

(34) 『原敬日記』一九一八年三月十七日の項。

(35) 『日本外交文書』大正七年第一冊、七〇九頁以下に掲載されている、米英両国への回答文。欄外注記として、「注　右同文ハ三月十七日外交調査会ト協議済ナリ」とある。しかし、ここで注目されるのは、アメリカとイギリスに対する態度の相違である。七一〇頁の対英回答文は、①日本が現時点で出兵を実行した場合アメリカが援助すると考えられるか、またこのことについてイギリスは考慮しているか、②出兵の範囲を明示することが必要か、③イギリスのボリシェヴィキ政権への対応、反革命派に対するイギリスの援助、という三項目についての質問状になっている。

(36) 『原敬日記』一九一八年六月十五日の項。山縣有朋に対しての発言。原は首相となってから、講和会議での中国政策問題においてはむしろ対米協調よりも対英協調の姿勢をとったという指摘がなされている(服部龍二「パリ講和会議と五・四運動」『千葉大学社会文化科学研究』三号、一九九九年)。内閣としての政策であるから、原の影響だけを一概には言えないが、「米国の為すが儘」には置けないと判断したゆえの行動と見ることもできるであろう。しかもこの言葉は、シベリア出兵問題で「西伯利亜人民をして我に傾かしむるの策必要ならん」という発言の後に続いていることに注目したい。原においても、シベリアのロシア人住民の親日化は留意すべき問題だったのである。

(37) この意見書は山本四郎編『寺内正毅内閣関係史料』京都女子大学、一九八五年、下巻、一〇三―一二八頁。改稿は同じ頁に収録されている。

(38) 「時局意見」は大山梓編『山縣有朋意見書』原書房、一九六六年所収。

(39) 『日本外交文書』大正七年第一冊、七三二―七五八頁。これは出兵問題に対する連合国との交渉顛末や、ここであげてある「西比利亜出兵問題ニ関スル卑見」、ならびに制作時期不詳とされる「西比利亜出兵ノ急務」「帝国外交政策ノ基礎改変ノ必要」「閣議案」「東部西比利亜出兵及日支協同自衛ノ件」という意見書がセットになったものである。本野が辞職を口にしたというのは、『原敬日記』一九一八年四月十五日の項(山縣から聞いた話)。

(40) 「伊東伯爵家文書　西比利亜出兵問題径路竝結論」前掲『憲政史編纂会収集文書』五九三。この文書を初めて紹介したのは、細谷千博『シベリア出兵の史的研究』有斐閣、一九五五年である。

(41) 『田健治郎日記』一九一八年四月十二日。

(42) 『原敬日記』一九一八年四月十八日。西園寺公望から聞いた話。寺内は本野が出兵論を唱えている故に「放逐」したと述べ、本野は寺内内閣の「不決断」を非難したといわれる。

(43) 『田健治郎日記』一九一八年四月二十四日の項。伊東巳代治の話を田が書き留めている。なお、同史料によれば、寺内は五月七日から閣議に再び出席するようになった。この時期、シベリア出兵問題を突破口にした種々の政権構想があったことを明らかにしているのが、季武嘉也「第一次世界大戦期の諸政党の動向」『年報近代日本研究』六号、一九八四年(現在は、『大正期の政治構造』吉川弘文館、一九九八年所収)である。しかも現実に寺内は山縣に対して辞任を申し出ていた(『原敬日記』一九一八年四月二十二日の項。原が寺内から直接聞いている)。

(44) David S. Foglesong, *America's Secret War against Bolsheuism*, The University of North Carolina Press, Chapel Hill & London, 1996, pp.146-151. 当時の報道でも、神田正雄「米国新聞の対日感情(日本の西比利亜出兵に就て)」『太陽』二四

巻七号、一九一八年がこの状況を知らせている。この記事は、アメリカ各地の新聞の社説を検討したものである。

(45) 前掲『寺内正毅内閣関係史料』下巻、六〇六—六一五頁にある、一九一八年六月十五日付で外務省の作った「西比利亜ニ於ケル米国ノ活動ニ関スル調書」には、アメリカがロシアから獲得したと考えられていた権益を二十四項目もあげてある(ただし事実として疑わしいものもある)。

(46) 『日本外交文書』大正七年第一冊、八四八—八五九頁。

(47) このことは、外交調査会でも知られていた。『原敬日記』一九一八年六月二十日の項。ボリシェヴィキ政権側は、一九一八年初頭には、駐日代表者を任命していたようである。しかしながら、イギリスでは、ボリシェヴィキ政権の代表者に外交官特権を与えたところ、革命宣伝の文書を外交官行嚢で送付するなどの事態が起きていたことを日本側は既に聞いて知っていた。『日本外交文書』大正七年第一冊、三九二—三九五頁の記述を参照。日本が「ロシアには正統政府が存在しない」という建前を採用したことがその後に与えた影響については、小林幸男、前掲『日ソ政治外交史』を参照。

(48) この問題に関しては、芥川哲士「武器輸出の系譜——第一次大戦期の武器輸出(下)——」『軍事史学』一九八七年六月号が詳しい。武器売却代金は日本からの借款で、日本の銀行口座に入っていたのだが、引き出す主体が消滅したのである。このため日本政府は国債を発行して業者への支払いを代行した。

(49) 例えば寺内首相の意見書「西比利亜出兵論」前掲、『寺内正毅内閣関係史料』下巻、四六〇—四六五頁。外交官の意見書ならば、『日本外交文書』大正七年第一冊、四三一—四三六頁および四四六—四五六頁に収録されている上田仙太郎の長文の意見書。上田は出兵には慎重な態度を取っていた。また、出兵問題で本野外相と意見が対立してロシア駐在大使を辞任した内田康哉のことは、原暉之、前掲『シベリア出兵』などに詳しい。逆にハルビン総領事佐藤尚武は、一九一八年四月十六日の意見書(『日本外交文書』大正七年第一冊、五一六—五一八頁)で、ボリシェヴィキ政権を承認することは、イデオロギー的に日本の「社会的存立ニ危害ヲ及ボス」ことは疑いないと大逆事件を例に挙げて社会主義政権の危険性を強調し、さらにシベリアの地理的近接性をあげて出兵を主張していた。だがこの意見書では、ボリシェヴィキ政権は軍事的にそれほど強力ではないと主張されていた。

(50) 「独墺東漸論」がこの時期社会的影響力を失いつつあったことについては、拙稿「シベリア出兵論の構造と背景」『九大法学』七八号、一九九九年(本書の第三章収録)を参照。

(51) チェコ軍の存在は、『日本外交文書』大正七年第一冊、八〇五—八〇六頁。アメリカ政府の決断近しの報が既に日本に届いていたことについては、細谷千博、前掲『シベリア出兵の史的研究』。チェコ軍については、林忠行『中欧の分裂と統合』中央公論社、一九九三年を参照。

(52) 鶴見祐輔『後藤新平』第三巻、勁草書房、一九六六年を参照。後藤の懸念は根拠のないことではなかったことは、細谷氏の前掲書を参照。

(53)『日本外交文書』大正七年第一冊、八九四—八九八頁。

(54) 細谷、前掲『シベリア出兵の史的研究』、その他に雨宮昭一、前掲「戦争指導と政党」および「近代日本における戦争指導の構造と展開」『茨城大学教養部紀要』七号、一九七五年および八号、一九七六年(現在は前掲『近代日本の戦争指導』に収録)。

(55)『原敬日記』一九一八年七月十五日。

(56) 前掲『翠雨荘日記』一五〇—一五三頁。

(57) 原は日記の中で(『原敬日記』一九一八年七月十七日)種々の歯止め的確約をとったと書いているが、伊東の露骨な発言を聴いて伊東の作成した対米回答文などに賛同していることを考えると、後世に向けての弁解に近い。また、外交調査会委員犬養毅は、原は政府案を丸呑みしながら、対外的には政友会が政府の出兵計画を是正したと吹聴していると批判していた。これについては、高橋秀直「原内閣の成立と総力戦政策」『史林』六八巻三号、一九八五年（史料的には『犬養木堂書簡集』岡山県郷土文化財団、一九九二年、二六六—二六七頁）を参照。

(58) 対米回答文は、『日本外交文書』大正七年第一冊、九一九—九二一頁。

(59)『日本外交文書』大正七年第一冊、九一三—九一四頁、七月十六日に出されたもの。この宣伝は日本語とロシア語ですべきことも指示していた。同様の訓令は、七月二十七日にニコラエフスク領事館にも出されている(同書九三四—九三五頁)。

(60) 前掲『翠雨荘日記』一四六頁。枢密院でのやり取りに関しては、『枢密院会議議事録』二〇巻、東京大学出版会、一九八五年に収録されている「浦塩出兵ノ件報告筆記」を参照。

(61) Foglesong, *op. cit.* を見ると、アメリカでも「シベリア出兵はロシアへの干渉ではない」という大義が使われていたことが分かる。

(62)『田健治郎日記』一九一八年七月十八日、十九日の記述を参照。

(63)『日本外交文書』大正七年第一冊、九三〇—九三一頁。

(64)『田健治郎日記』一九一八年七月三十一日、八月一日の記述、出兵宣言文案に閣僚側から付け加えようとした文章は『翠雨荘日記』一七〇頁。七月三十一日の閣議では、出兵論者の後藤外相がむしろ「日米共同」の必要を説き、他の閣僚から非難される有様だった。一九一八年八月七日、後藤が寺内首相を始めとする閣僚の対米非難を自分への皮肉と誤解して、辞任を申し出て閣議を途中退出した事件（『田健治郎日記』同日の項を参照）の伏線はここにあったと考えられる。

(65)『西伯利出兵史』第一巻、四九頁。

(66) 伊東の演説は、『翠雨荘日記』一七一―一七九頁。しかしながら『日本外交文書』大正七年第一冊、九三五―九三七頁に収録された対米回答文を見ると、情勢の変化による派兵区域の拡大は通告されている。

(67)『翠雨荘日記』一七九頁。『田健治郎日記』の記述によれば、翌日八月二日の閣議で、宣言文案の修正はできなかったという報告がなされた。

(68) 出兵宣言全文は、『日本外交文書』大正七年第一冊、九三七―九三八頁。新聞は一斉に「先ツ」の問題を追及した（「出兵宣言」『大阪朝日新聞』一九一八年八月四日、「帝国出兵宣言」『読売新聞』一九一八年八月四日、「浦塩出兵宣言」『東京日日新聞』一九一八年八月三日）。これは、出兵宣言に伴う記者会見で、寺内首相が出兵区域の拡大を示唆する発言を行っていたからである。

(69)『日本外交文書』大正七年第一冊、九二五―九二七頁。

(70) 波多野勝「ロシア革命と日本のシベリア援助」『慶応義塾大学法学研究』六三巻二号、一九九〇年。

(71)「西比利亜派遣経済視察委員ノ件」『西比利亜経済援助関係雑件 委員会ノ成立ニ関スル件』(3.4.1.23.1)（外交史料館所蔵）の中にある。「大正七年六月七日上局へ提出」という書き込みがある。執筆者は不明。

(72) 鶴見祐輔、前掲『後藤新平』第三巻、九四四頁。

(73) 前掲『後藤新平』第三巻、九一三頁。

(74) 前掲『後藤新平』第三巻、九四五―九四六頁。前掲波多野論文もこの事実に触れている。

(75) 後藤のロシア観は、北岡伸一、前掲「外交指導者としての後藤新平」、また北岡氏の著書『後藤新平』中央公論社、一九八八年を参照。

(76) 前掲『西比利亜経済援助関係雑件　委員会ノ成立ニ関スル件』。執筆者不明。大幅に書き込みがなされている。

(77) 前掲外務省文書に収録された「西比利亜ニ対スル経済的援助ニ関スル会合要録」（第一回）に附せられたもの。「次官ノ命」によって作成されたが、まだ次官の推敲を経たものではない旨の書きこみがある。

(78) 前掲外務省文書に収録された「西比利亜ニ対スル経済的援助ニ関スル会合要録」（第二回）。

(79)「臨時西比利亜経済援助委員会組織ニ関スル一意見」『日本外交文書』大正七年第三冊、三一五―三一六頁は、委員会を官制まで定めた国家機関として設立することに異議を唱えている。

(80) 一九一八年八月二十二日の伊東巳代治の書簡(前掲『翠雨荘日記』一一頁)は、このことに抗議した内容である。寺内はこの伊東の書簡について、意外な人物から攻撃されたと不満の意を表した。『原敬日記』一九一八年八月三十日の項を参照。

(81) 『田健治郎日記』一九一八年八月十七日の項に、田逓相を通じて山縣が自分の政策について不満を持っていることを聞いた寺内が、米騒動とシベリア出兵問題に見通しがついたら進退を決する旨のことを語ったという記述がある。

(82) 「西比利亜ニ対スル経済的援助ニ関スル千九百十八年七月三十日附在東京英国大使館覚書訳文」『公文類聚』四二編巻三。

(83) 寺内、後藤の演説は 外務省西比利亜経済援助部編・刊行、『西比利亜経済援助ノ概要』一九一九年八月（ここでは『牧野伸顕文書』四一三に入っているものを参照した）に収録されている。

(84) 全国紙では、「経済援助委員会　秩序恢復の見込ありや」『東京日日新聞』一九一八年八月二十四日付社説。また、最初に出兵発動を経験した福岡の地元紙『九州日報』は、八月二十二日社説「日米の対露救済政策　西比利に米国の跳梁を恣にするを許さず」で、シベリア経済援助を歓迎している。ただし福岡の政友会系地元紙『福岡日日新聞』は、一九一八年八月二十日付社説「露国に対する経済的援助」で、「兎に角西伯利亜の経済的援助は、益す吾対西伯利亜策をして複雑ならしむるものなり」と疑問を呈している。

(85) 「朝日評壇・新しき救世軍」『大阪朝日新聞』、一九一八年八月二十三日付(発行は前日)夕刊。同紙がこのように「新しき救世軍」としてのシベリア出兵を容認していく過程については、前掲拙稿「シベリア出兵論の構造と背景」で触れた。

(86) 「講和と新思想」『政友』二二四号、一九一八年、一—二頁。

(87) 寺内首相は議会最終日に「時局ノ進展如何ニ依リマシテハ、重ネテ近ク諸君ノ来会ヲ煩ハスコトガアルカモ知レマセヌ」(『帝国議会衆議院議事速記録』三四巻、六五五頁）と演説し、出兵の際には臨時議会を開くことを示唆していたが、結局議会は召集されなかった。また、憲政会は一九一八年七月二十五日に、出兵に関する党声明として「出兵問題ニ対スル我党ノ態度」(『憲政』第一巻二号、一九一八年九月に掲載されている）を出した。しかしこの声明は「本問題ハ目下尚ホ我国ト米国政府トノ間ニ交渉中ノ案件ニ属スルヲ以テ我党ハ姑ク鋒鋩ヲ収メテ其成果如何ヲ注視スル外ナキモ」と結論部分で述べているように、出兵決定寸前の時点でも何も具体的なことを述べられなかった。

(88) 最近の研究として、一九九八年の軍事史学会で平吹通之氏の行った報告「シベリア出兵決定経緯と陸軍」がある(この報告の要旨については『軍事史学』三四巻二号、一九九八年、一〇三—一〇四頁)。

第二章　陸軍におけるシベリア出兵構想の変容

前章では、国務の機関である内閣、および臨時の外交政策機関である外交調査会におけるシベリア出兵問題を扱った。これはいわば「政治」のレベルでのシベリア出兵構想の登場と変容であった。だが、シベリア出兵の実行主体である陸軍においても、政策構想から政策決定の間に変容があった。本章では、この変容の過程と内容、そしてそれを決定付けた政治主体間の力関係を取り扱うものである。

この章に関する研究も、第一章ほどではないが、かなりのレベルの研究がある。第一章と重なるものが多いが、煩を厭わず挙げていくことにしなければならない。細谷千博氏の著書『シベリア出兵の史的研究』や、原暉之氏の大著『シベリア出兵』は、その中に陸軍におけるシベリア出兵問題が扱われている。[1] 陸軍の問題に限定した研究でも、第一章で述べた雨宮昭一氏は、政治と軍事の関係、という近代日本政治外交史における大きな問題を扱った中で、シベリア出兵期の「戦争指導」を扱った研究の中で陸軍を論じている。[2] また、髙橋治氏は、文学作品としてではあるが、シベリア出兵における日本軍の反革命派工作の一つ、セミョーノフ工作における、セミョーノフ

(Semenoff, Grigorii M.)と日本軍人黒木親慶との関係を中心として『派兵』を執筆した。[3] 高橋秀直氏は、大正期の総力戦政策史の一環として、寺内内閣から原内閣への移行期におけるシベリア出兵問題について扱っている。[4] 高橋氏においては、総力戦体制を構築する方法的相違、すなわち国家を戦争状態に引きこんで、その中で総力戦にふさわしい政治経済体制を構築する「戦時型総力戦構想」と、戦争を回避し、平時における制度的な改革を通じて総力戦への対応を可能にする「平時型総力戦構想」に基づく政府と陸軍の対立関係の中でシベリア出兵問題が扱われた。シベリア出兵の前提条件として、当時の中国の軍部と締結された日華陸軍共同防敵軍事協定についても、締結の過程のみならず、シベリア出兵を通じてどのように機能したか(あるいはしなかったか)をめぐる研究がある。[5] また、最近では、軍事史学会における平吹通之氏の報告が存在する。[6]

これらの研究は、シベリア出兵を、当時の陸軍が直面した新しい戦争形態である「総力戦」への対応や、戦前期日本の通時的問題であった「政軍関係」という視点から扱ったものとして位置付けられるが、陸軍がシベリア出兵自体をどのような軍事力の発動として構想していたかについてはいささか不十分であると考えられる。また、平吹氏の報告は、シベリア出兵の政策決定が政治主導であったことを指摘している点で、興味深いものである。しかし、決定過程での陸軍の政治的受動性の強調などにはやや疑問が残る。

シベリア出兵においては、政治のレベルでも、出兵の構想から政策決定に至るまでに大規模な変容があった。それは、単なるロシアに対する武力行使・シベリア鉄道の占領というものから、ロシアに対する内政不干渉の宣言、そして「新しき救世軍」としての非軍事的色彩までをもたされた出兵としての変容である。[7] 実行主体としての日本陸軍においても、当然軍事合理性の観点から見たシベリア出兵構想が立案されていた。そして陸軍内部では、出兵の方法などについて、立場の相違が存在した。また、後の「昭和」と呼ばれる時代とは異なり、陸軍が政策決定に対する主導権を掌握しているわけでは必ずしもなかった。確かに、シベリア出兵が政策として決定され、実行されていく過程で、内閣の長として存在していたのは、陸軍元帥寺内正毅であった。だが、首相が軍人であったとしても、内外の状況によって、必ずしも陸軍に好意的な政策が実行できるわけではない。現に、寺内内閣は、外交政策の決定においては、議会内の政党勢力を包摂した外交調査会の協力を得なければならなかったのである。陸軍内部においては、シベリア出兵構想がどのように変容していった結果実行に移ったかという問題には、以上のような、政治との関係も当然扱わなければならない。

ここでは、まず陸軍におけるシベリア出兵構想が、「居留民保護」という当初の大義から離れていく過程を叙述する。そのあと、出兵方法、外交政策面も含めた日本の行動に関する陸軍内部での意見の相違について述べる。そして最後に、このような背景をもった日本陸軍が、シベリア出兵問題において、寺内内閣との間に持った力関係とその結果について論ずる。このような順序で、陸軍におけるシベリア出兵構想とその変容を明らかにしていくことにする。

一　「居留民保護」から「シベリア独立」へ

陸軍が、初めてロシアへの出兵について検討したことが分かる文書は、一九一七年十月政府に提出された「欧州出兵ニ関スル研究」であった。(8) この文書は、当時第一次世界大戦の当事国としての日本が、ヨーロッパ戦線への陸軍兵力の出動を求められていることについて、陸軍側の意見を述べたものであった。この文書は「出兵行為ハ固ヨリ難事ニ属スト雖モ決シテ不可能ニアラス」などという表現が出てくることでも分かるように、陸軍内部においても意見の対立があったことをうかがわせていたが、最終的な結論としては「帝国ノ出兵ハ為サザルニアラスシテ真ニ事情之ヲ許ササルニ在ルコト」を連合国に理解させることが必要であるとしていた。もし「欧州出兵」を実行した場合、日本は対外的な関係上、大兵力を出さなければならないが、ヨーロッパ戦線に出した兵力を、長期間維持するだけの経済的能力はないというのが理由として存在していたのである。

しかしながら、ロシア革命がボリシェヴィキ政権の樹立、そしてボリシェヴィキ政権のロシア全土の掌握という段階に達してくると、陸軍内部では、「居留民保護」のためにシベリアへ兵力を派遣するための計画が立案され始めた。それが、一九一七年十一月に策定された「居留民保護ノ為極東露領ニ対スル派兵計画」(9)であった。この計画は、「居留民保護」の大義のもとで出兵することをうたったものであるが、既に満州、シベリアの二方面に出兵すること、外国軍隊との協同出兵の可能性が考えられていた。

しかし、このように「居留民保護」が、シベリア出兵の大義として考えられていた時期は、陸軍においては短かった。一九一八年に至ると、大義は「居留民保護」ではなく、シベリアにいる反革命派の擁立による、シベリアのロシアからの分離、すなわち「シベリア独立」へと移行したのである。

「シベリア独立」への路線変更には、公式的・対外的には日本のシベリア出兵に慎重な態度を取りつづけた当時の首相寺内正毅が強い関心を示していた。一九一八年一月五日、大島健一陸軍大臣から、田中義一参謀次長へ向けて、「首相ノ西伯里独立意見遂行ヲ望ム」という書き出しの書簡が送られた。この書簡は、日本のとるべき政策はシベリアにいる「穏健分子ヲ支援糾合シテ独立セシムル」ことであると述べた上で、一旦支援を決めたならば経済的援助だけでなく、軍事力の面での支援もすること、出兵発動時には中国の協力を得られるようにすること、好ましいロシア側の人物を物色すること、そして在留邦人の有力者に仲介をさせることが書かれていた。(10)

この時期以後、陸軍側の立て始めた出兵の計画には、「シベリア独立」の色彩が色濃く出始めた。一九一八年一月から三月にかけて、参謀本部の編纂した公式戦史『西伯利出兵史』において「極東露領ニ対スル出兵計画」という題でまとめられている三つの意見書、「沿海州増加派兵計画」、「後貝加爾州方面ニ対スル派兵計画要項」、総称と同名の「極東露領ニ対スル出兵計画」が作成された。[11] この意見書のうち、最初の意見書だけは出兵目的に「居留民保護」と「シベリア独立」の目的が併存しているが、あとの二つの意見書には、「居留民保護」目的が存在しなかった。しかも、「極東露領ニ対スル出兵計画」は、シベリア出兵において中国の軍隊を日本軍に協力させることも明記され、予算などの考慮もなされていた。

その上、「シベリア独立」の計画は、このとき既に「計画」だけではなく、一部が実行に移されていた。一九一八年一月、「陸軍中央部」は参謀本部第二部長中島正武らをシベリアに派遣した。このとき派遣される軍人に与えられた任務は、「独、墺勢力ノ東漸防止」のために、極東に「防堤」をロシア人自身に作らせることであった。そのためにロシア側の有力者と接近し、働きかけを行うことが要請されたのである。中島に任務を伝達する席には上原勇作参謀総長、田中義一参謀次長のみならず、寺内首相自らも出席した。中島は、この時の田中・寺内の態度や発言ぶりから、日本側が万一の場合兵力による支援もすることを推断できたほどであった。[12] こうやって、日本から派遣された軍人たちは、現地で、セミョーノフ、ホルヴァート(Khorvat, Dmitrii L.)、カルムイコフ(Kalmykov, Ivan P.)らの擁立工作に当たっていくことになった。

また、軍事的な領域での出兵問題に関する機関も整備され始めていた。一九一八年二月二十八日、「出兵準備業務ニ関シ各関係者間ノ意志ヲ疏通シ相互関係事項ヲ周知シ業務ノ敏活ヲ図」るための中央機関である「軍事協同委員会」が創設された。参謀次長を長とするこの機関は、参謀本部と陸軍省の関係部局の横断的な組織として、軍事

の実務面で出兵問題に関する最高の機関となったのである。(13)

このように、日米関係などを中心とした外交面での複雑な問題を含むため、政治的には非常に慎重に進められていたシベリア出兵問題は、実行主体となる陸軍においては、着実に、しかし急速に準備が進められていた。内閣総理大臣としては閣内の出兵論を押しとどめるような行動をしていた寺内正毅も、軍人としては「シベリア独立」の構想を推進する立場を取り、実行に移すべく活動していたのである。

だが、「シベリア独立」のための工作は、思わぬアクシデントを生むこともあった。それによって、シベリアに在留していた日本人居留民が被害を受けることにもなったのである。一九一八年二月、中国とロシアの国境の町、ブラゴベシチェンスクに派遣されていた日本の派遣武官石光真清らは、「反過激派ノ志気沮喪センコトヲ顧慮シ之カ後援ノ為」同地の日本人居留民に「義勇自警団」を組織させた。そして、加藤慎太郎居留民会長の反対を押し切って、三月九日から始まったボリシェヴィキ軍と反革命軍との武力衝突に、反革命軍の支援のために日本人「義勇自警団」を投入したのである。このため、日本人居留民一四人が死傷し、全日本人居留民が国境の向こうの中国領黒河へ避難しなければならなくなったのである。(14)だがこの後も、たとえばセミョーノフに対して、日本人「義勇兵」を組織して支援を与えるなどの工作は続けられていた。(15)

また、中国軍を動員する計画についても、陸軍側は準備を進めていた。その制度的な背景としてつくられたものが、有名な「日華陸軍共同防敵軍事協定」である。この協定は、形式的には第一次世界大戦が継続している間、共通の敵国に対処するために日中間で武器・暗号などの相互運用性を高めることなどを目的とした実務当局者間の協定という形を取っていた。ただそれは、実質的には中国軍を日本軍のコントロールのもとにおきやすくすることができる結果になることは明らかなものであった。協定締結交渉は秘密裏に進められていたのだが、交渉過程で協定の内容が漏れ、中国側で激しい反対運動が起きた。日本に来ていた中国人留学生が集団帰国するという事態にまで発展したのである。しかし、日本側交渉委員宇垣一成は、決定に躊躇する中国側交渉委員に「強硬ナル談判」をするというような手段まで取り、一九一八年五月三十日に協定は成立した。(16)

以上のように、陸軍は、ロシア十月革命以後、急速に出兵計画を具体化させていった。その過程では、出兵の大義として「居留民保護」を使うことを放棄し、むしろ反革命派の政権を樹立することに対する支援を正面から掲げる「シベリア独立」の路線に傾斜していった。この結果、日本の出兵のためには、ロシアで反革命派を事前に擁立し、彼ら自身がボリシェヴィキ政権と対立する政権を樹立できるようにするということが必要になった。以上のようなシベリア出兵の大義と方法の変容においては、寺内首相の支持も得て、準備が進められた。しかしこのような反革命派の擁立工作は、掲げているイデオロギーがどうあれ、日本が公式に敵対しているわけではない政権に対する内政干渉であることは明白であった。一九一八年四月三十日、山縣有朋はホルヴァート工作に関し、田中義一に宛てて「今ホルワットヲ援助シテ過激派ニ抗敵スルハ即チ露政府ニ反抗スルモノニシテ露ニ対シ戦ヒヲ開クニヒトシ」、日本政府がこのような措置を取るならばまずロシアに対して宣戦布告の措置を取るべきであるという電報(17)を送った。「シベリア独立」路線が、まず日本側からロシアに対して内政干渉をした上で出兵するという問題点を懸念した上でのことだった。

ただ、「シベリア出兵を実行する」ということについて、陸軍の総論ではコンセンサスがあるといっても、陸軍内部ではその実行方法や規模について、意見の食い違いが見られた。具体的に言えば、他の連合国との共同で兵力を使用することに対する賛否そのものをも含めた態度の問題である。次はこの問題を扱わなければならない。

二 陸軍内部におけるシベリア出兵の諸構想

シベリア出兵の実行主体としての陸軍は、その実行主体としての意思として、シベリア出兵に対する志向を持っていた。とはいえ、出兵の方法やありかたという点においても一枚岩であったわけではない。陸軍内部の人々も、シベリア出兵問題に対して、自らの考える軍事的な合理性に照らして、最も適当と考えられる出兵のあり方を考えていた。これらの考え方の対立軸になるのは、出兵の規模、そして出兵の形態であった。大規模出兵をするかどうか、そして連合国、特にアメリカとの共同出兵を容認できるかどうかという問題である。

ここでは、三人の軍人の意見を取り上げる。すなわち、参謀次長・軍事協同委員会委員長の田中義一、日華陸軍共同防敵軍事協定の日本側交渉委員であり、参謀本部第一部長の宇垣一成、そして満州でホルヴァート擁立工作に従事していた荒木貞夫である。最初の二人は、政策決定者にある程度の影響力が行使できる人物として、そして荒木については、最前線で出兵の準備工作に当たっているものの意見として考察していくものである。

田中義一は、軍事協同委員会の長として、実質的にシベリア出兵の軍事面における最高責任者の地位にあった。田中については、纐纈厚氏の著書がある。(18) この先行研究を踏まえながら、田中のシベリア出兵構想を考察したい。

田中は、最初はかなり強硬な出兵論者であった。ブレスト・リトフスク講和条約前夜に書かれたとおぼしい、「帝国軍ノ北満及東部西伯利亜ニ対スル関係ニ就テ」という文書がある。(19) 田中の名前(参謀次長、という肩書は入っていない)で出されたこの文書は、強硬なシベリア出兵策を取ることを提起していた。田中は、ドイツと、ロシアの革命政権が手を握った場合、「直接此ノ影響ヲ受クルモノハ日支両国」であるという前提に立ち、「此際貝加爾湖以東ノ地区ヲ確実ニ自己ノ勢力下ニ置クヲ以テ緊喫ノ要件」であると書いていた。この文書は、極東・シベリアに革命が波及することで、「彼等ノ陰謀的行為ハ将来日本ヲ根拠トシテ行ハルルニ至ルノミナラス彼ノ過激派ノ高唱スル主義主張ハ帝国ノ民心ニ絶大ナル悪影響ヲ齎スヘキヤ蓋シ明ナリ」と主張していた。そのために、連合国から出兵提起がなされる前に、「進テ極東ノ平和ヲ確保スルノ手段ヲ執リ而シテ其範囲ヲ自ラ東部西伯利亜ニ限定スル」必要があるのだと田中は述べていた。そして、この軍事作戦を実行するにあたって、「支那軍ト協同作戦ヲ行フハ固ヨリ当然ノ事」なのであった。このように、日中両国が共同の軍事作戦を行うことは、「実ニ両国軍事連鎖ノ第一歩」である、と田中は書いた。日中間の軍事提携、そしてヨーロッパ戦線への出兵を拒絶しつつ東部シベリアに出兵する、という構想である。社会主義の脅威論も含めて、田中のシベリア出兵構想の出発点は、いわゆる「自主的出兵論」の立場であったことがよくわかる文書である。ただし、田中はこの文書において、ロシアの反革命派の運動は「其成功不可能」であると断じていた。田中のこの構想では、シベリア出兵は反革命派支援の出兵ではなかったのである。

この後、田中の立場は徐々に、政治的な考慮を加えられたものになっていった。その変遷は、著名な以下の三意見書に現れている。まず書かれたのは、「シベリアニ関スル田中参謀次長ノ意見書」[20]である。この意見書は、文末に「閣下ヨリ閣員ノ意見ヲ纏メ」という文字があるので、寺内首相に宛てられた意見書であると考えられる。

この意見書においては、田中は、「自重ハ即チ国ヲ危スルモノ」として出兵慎重論を批判しながら、「我国ノ生存ニ関スル支那ヲ包容スルノ途」を講じ、「悲惨ノ境遇ニ在ル極東ノ露国人ヲ懐柔シテ自治国ヲ作ラシメ将来之ヲ指導シテ富源豊ナル地方ヲ開発スルノ地歩ヲ占ムル」必要があると論じていた。しかも「今日迄已ニ着手セル沿海黒龍及東清線ニ於ケル我行動ハ最早各国周知ノ事実」と書き、「シベリア独立」の路線は公然の秘密のようなものなのだから、目的完遂のために積極的に行動を起こさなければならないと言っていたのである。最初の文書は、反革命派はボリシェヴィキ政権を打倒できない、と述べていた。だが、寺内首相が関心を持っていた「シベリア独立」路線へ、田中は呼応したのである。寺内首相がダイレクトに陸軍を主導して「シベリア独立」路線へと舵を切ったというよりは、田中のような人物の協力があってはじめて動き出したのである。

ただ、時期が進むと、アメリカとの関係、「シベリア独立」工作が簡単には進まないことなどから、田中は「シベリア独立」工作の中断、共同出兵の積極的実行をも模索しはじめた。「シベリア出兵計画ニ関スル田中参謀次長ノ意見(草案)」[21]は、ホルヴァート政権樹立後の日本の軍事力行使をも含む支援策について書かれた意見書である。この意見書で田中は、「今ニシテ此計画ヲ中止スルガ如キコトアラバ」反革命派の失望を買い、連合国の疑念を招き、ボリシェヴィキ勢力に対する日本の影響力も低下するということをいいながらも、アメリカが日本の態度に同調しない場合は「西伯利亜自治独立ノ促進運動ハ遺憾ナガラ速ニ之ヲ中止シ派遣諸官ハ至急呼ビ返ス」ことまで視野に入れた意見を提示していたのである。田中自身は、「他の連合国との共同」は場合によってはむしろ積極的に受容することで、シベリア出兵を実行することに力点を置いていた。田中は寺内首相に宛てた書簡で、中島正武が実行していた「シベリア独立」の工作にすら、英仏米の三国との共同も場合によってはよい、「寧ロ日本一国ノ仕事ノ如ク見ユルヨリハ都合宜敷キカトモ考ヘラレ候」と書いていた。[22]とはいえ、それはあくまで、日本の突出性が際立たないために実行するだけのことであり、日本の行動のあらゆる局面で連合国との協調を第一にするというものではなかった。出兵後に提起された「東支鉄道国際管理問題」、すなわちロシアがかつて敷設した満州を東西に横断する鉄道の権益をめぐる問題では、国際管理委員会の長に日本人がなったとしても、実権は外国に掌握されるとして、田中は頑強に国際管理に反対した。[23]

同じ参謀本部にいた宇垣一成は、日記に「余は欧洲に大々的出兵せんと欲する論者の一人なり」[24]と書いたように、前述の「欧州出兵問題」で既に出兵論を説いた人物であった。彼の日記の記述からは、出兵の「自主性」に力点が置かれた考え方を見ることができる。宇垣は繰り返し日記に、早期出兵を決断しなかった日本政府の態度を非難する文章を書きこんでいた。それは「前の時には戦後の報償に関して十分なる保証を採りて仕事が出来た」と考えたからであった。[25]日本の国益が前面に出ていなければ、軍事力行使は無意味であると考えられたのである。当然このような立場からは、政治の場で後に問題になっていく、共同出兵による兵力数、派兵地域の確定などは考えられない。「既に宣戦して戦争渦中に投じある帝国としては、何れの時に何れの処に兵を用ゆるか、現時の将来に対して帝国の立場を昂上鞏固ならしめ得るかの問題によりて解決せらるべきである」と記しているだけであった。[26]

宇垣にとっては、自らが当事者として締結した日華陸軍共同防敵軍事協定も、単なるシベリア出兵の準備工作ではなかった。一九一八年六月三日、宇垣は陸軍の首脳を前にしてこの協定の締結問題について語った。このとき、宇垣は中国の現状分析と、これからの中国と日本の関係に言及して、「此戦争中ニ於テ動カスヘカラサル根底ヲ支那ニ扶植シ名義ハ左右関係ニテモ事実ハ上下関係ナラシメ」ることが必要であると主張した。[27]日中関係を、露骨に主従関係に再編することを述べていたのである。出兵が始まった際、宇垣は日記に「現時の西伯利出兵は日支両国を接近融合せしむる導火である。故に吾人は吾人の国民性と利益とを尊重すると同時に支那の国民性と其利益をも尊重せねばならぬ」[28]と書いたが、宇垣は中国側を「国民性と其利益をも尊重」しながら、日本の支配下に置きうると考えていたのである。

ハルビンを中心として、ホルヴァート擁立工作に従事していた荒木貞夫にいたると、「共同出兵」などのような連合国との一定程度の共同歩調ですら考えられないものとして映っていた。一九一八年二月の段階で荒木の執筆した意見書は、連合国がボリシェヴィキ政権を承認して対独戦争を再開させるという構想があった時期に書かれたものであった。荒木は、日本が連合国の一員として協力する条件として、日本がロシア軍の編成・作戦の担当をすること、またシベリアにおける鉄道業務を日本に委ねることを提示していた。もしこの条件が連合国側に容れられない場合は「寧ロ断乎トシテ此提議ヲ斥ケ帝国ハ帝国ノ極東ニ於ケル位置及直接ニ受クル利害ヨリシテ極東ニ於テハ堂々トシテ其所信ヲ断行スル」べきであると主張していたのである。(29)

荒木の意見書には、連合国、その中でも特にアメリカに対する激しい敵意が、明確に現れていた。一九一八年五月十日に執筆した意見書は、アメリカに対して「平和的強敵」という言葉を用いていた。荒木に言わせれば、アメリカがシベリアに対して取っている態度は、日本の権益の侵害、日本の行動の妨害に等しい。つまり、アメリカは「明ニ極東ニ於テ経済的ニ帝国ニ宣戦セルニ等シ次テ来ルヘキハ彼レノ経済的極東ノ征服ニアラスシテ何ソ」ということになる。荒木は、自身がシベリアで目撃したことについて、「武力ノ東漸、財力ノ西漸ニヨリテ今ヤ西伯利極東ハ米独薬籠ノモノトナリツツアリ」と書いた(アメリカが、公式の敵国ドイツと並べられていることに注目されたい)。荒木は、日本国内で出兵に対して、出兵論の根拠となるような「独墺東漸」、すなわちドイツ・オーストリア勢力が、中国やロシアを通じて日本へ向けて侵攻するという現象が見られないことから疑問視する声があったことにも批判の矢を向けた。すなわち、敵の術策は公表されるものではない、「其公表セサルヲ以テ之ヲ信シ一日ノ安ヲ偸ムカ如キ」行為は国家のために容認できないと書いたのである。

このように主張する荒木であるから、当然彼の言葉で言う「国際軍」、すなわち共同出兵は容易に認められないものとなる。日本の主導権が存在しない共同出兵においては、日本軍は「結局国際軍ノ走狗」とされると荒木は言う。それは「国際軍ノ成立カ既ニ其根本ニ於テ其基礎ヲ帝国行動ノ監視ニ置クヲ以テナリ」と断言している。だから荒木は、日本の極東に関する権益に妨害を加える動きが見えた場合は、「毫モ躊躇スル事ナク其自衛上、自由行動ヲ取ルノ決心」をする必要がある、場合によっては「日独単独講和」でさえ日本の選択肢としてはありうると主張したのである。(30)

以上のように、陸軍内部でも、シベリア出兵の方法・手段をめぐって、意見の相違が存在した。陸軍内部においては、シベリアに向けて軍事力を発動することそのものに対する異論は見られなかった。最も重要な相違点は、シベリア出兵をどのような形で遂行するか、ということであった。第一次世界大戦の連合国の一員としての日本は、外交上の配慮も加えなければならなかったから、田中義一のような一定程度の「共同出兵容認」の考え方も存在していた。その反面、他国との「共同出兵」に踏み切ることが日本の軍事的な面での行動の自由を束縛し、最終的には東アジアにおける日本の権益を侵害することにつながるのではないかという危惧が存在した。

ただ、陸軍においては、出兵以前の状況では、シベリア出兵は、単にシベリアへの軍事侵攻にすぎなかった。陸軍内部の諸構想は、あくまで軍事合理性の観点から考えられた国益計算に基づくものであった。そのため、政治的・外交的考慮まで含めた政策決定をしなければならない内閣などとは、当然食い違いを見せていくことになった。しかも、その内閣は、「シベリア独立」構想を支持し、そのためには兵力の動員も辞さないということを内々に表明していた寺内正毅率いる内閣であった。だが、陸軍が考えるように事態が進んだのではなかった。外交上の考慮から、日本側は自ら兵力数を限定する――と少なくとも陸軍側は受け取った――ということが起こったのである。次の節では、このような「政治の側」と「軍事の側」が「シベリア出兵」を争点として作り出した関係の中で、シベリア出兵がどのように政策として決定されていったかを扱わなければならない。

三　シベリア出兵をめぐる陸軍と寺内内閣・外交調査会

陸軍や海軍という、軍事機構は、明治憲法体制下で大きな位置を持っていた。単に法制度上、「統帥権」を有するというだけではなく、政策決定への影響力も場合によっては持ちうる可能性を秘めていた。日露戦後からは、彼らは「軍部」として、その政治的影響力が強まり始めたといわれる。そして、後の「昭和」と呼ばれる時代になると、政策決定に影響力を持ち、場合によっては政策決定を主導するようになったことはよく知られている。ただ、シベリア出兵の政策決定時にどうであったかは、個別の検証が必要であろう。結論を先取りすれば、政策決定に至る過程では、一貫して政治の側、すなわちこの時点では寺内内閣、および外交政策の決定にかかわる機関である外交調査会が優位に立っていた。ただし、それはそれぞれの主体(政府側と、陸軍側)の状況と、双方の応酬の結果、政府側が優位に立ったものであって、陸軍側が一方的に翻弄されていたわけではない。この過程を本節では検証していくことにする。

陸軍側は、シベリア出兵構想を政策として実現しようとする過程で、出兵を契機にして兵器の水準の刷新にも取り組む考えを持っていた。「国軍将来ノ作戦ヲ顧慮シ軍事技術ノ進歩ニ順応セシメンカ為」「編制、装備改正案」が作成され、「之ヲ標準トシテ時局出兵ニ応スル如ク逐次新兵器ノ整備ニ著手」したのである[31]。当然陸軍はそのための予算措置を政府に求めた。この他にも、陸軍側は大規模な軍拡要求を提出していた。第一次世界大戦の中で登場してきた新しい戦争の形態である「総力戦」に対応しうる軍備を求めたのである。先に見た「欧州出兵ニ関スル研究」でも、出兵のシミュレーションで「国家総動員」が語られていたことでもわかるように、陸軍においては「総力戦」を可能とする政治経済体制の編成、これに適応した軍事面での諸改革が意識されていた。

ところが陸軍側の要求は、寺内内閣の手で削減された。(32) この措置に怒った山縣有朋は、大島健一陸軍大臣に直接抗議に赴いた。(33) しかしながら、寺内は、勝田主計蔵相にこう語ったといわれる。すなわち、国防はゆるがせにすべきものではないが、現在必要なのは海軍の整備である。陸軍予算は必要なものは認める。また自身は首相として、国民負担力との関係を考慮して予算を組まなければならない。そして、山縣が自分に対して不満を持っていることについても、山縣の不満については知っているが、「苟も総理大臣として誠意奉公の微衷を尽せるに此間不幸にして若し誤解あらばそは自然に氷解するであらう」(34)。政策決定の面では、陸軍という組織的な利益にのみ一方的に奉仕することはできないことを、寺内は明確に態度で表明していたのである。

また、寺内首相自身は「シベリア独立」という構想を抱き、それを陸軍が推進することに好意的ではあったが、陸軍側が政府の統制を逸脱して出兵の機会を独自に作り出すことに対しては、抑制する立場を取った。一九一八年三月、参謀本部は「極東露領ニ対スル帝国陸軍ノ出兵ニ先タチ迅速ニ陸兵ヲ以テ在浦潮帝国艦隊ノ陸戦隊ヲ応援シ併セテ爾後ノ陸軍出兵行動ヲ準備セシムル」ために、「浦潮応急派兵計画」を策定した。具体的には、北朝鮮にいる陸軍部隊を応援のために派遣するというものであった。この計画は、単に机上の計画にとどまってはいなかった。参謀本部は海軍から運送船「関東丸」(六、一九三トン)を借り入れ、三月十三日には徳山で必要な装備の備え付けを終えて、北朝鮮の元山に送っていた。三月末にはほぼ準備は完了し、後は事件が起こるだけという状態になっていたのである。(35)

一九一八年四月四日、ウラジオストックで在留邦人が殺害され、これをきっかけに海軍陸戦隊が上陸した。しかし、陸軍の計画は連動しなかった。『西伯利出兵史』の記述によれば、参謀本部が陸軍省に打診をしたにもかかわらず、陸軍省側は「従来ノ閣議ノ意見ニ基キ時機尚早」と答え、必要な物資の関東丸への積み込みを認めただけであった。結果としてこの計画は廃棄され、借りた船も海軍に返還された。[36]従来の閣議の意見、とは、連合国との完全な合意がなければ出兵はしない、と決めた一九一八年三月十七日の決定(外交調査会での合意を取っている)と考えられる。[37]

「浦潮応急派兵計画」の挫折後、参謀本部は組織としては、表立っては、政府の決定に従うことを表明することになった。一九一八年四月六日、上原勇作参謀総長の名前で、在英武官田中国重へ、日本が出兵した場合、「英仏米ノ何国タルヲ問ハズ」日本との軍事行動に加わりたいという国があるならば、アメリカの日本の出兵に対する反対意見を緩和することもできるので「参謀本部ハ政府ヲシテ聯合作戦ニ同意セシムル様尽力スルコトヲ辞セズ」という電報が送られた。しかしこの電報は、事前に首相、外相、陸相の承認が取り付けられたものであった。[38]この時期のことを、『西伯利出兵史』は、「爾後独、墺勢力ハ益極東ニ浸染シ所在露国穏和派ノ気勢揚ラス国防自衛ノ見地ヨリスル帝国ノ出兵ハ今ヤ一日ノ遷延ヲ許ササルニ至リシヲ以テ参謀総長ハ屢陸軍大臣ヲ介シ之カ決行ヲ政府ニ提議セリ然レトモ政府ハ政策上ノ関係ヨリ未タ之ヲ決スルニ至ラサリキ」と批判的に回顧している。[39]

だからといって、陸軍側は完全に寺内内閣に屈したのではなかった。一九一八年四月二十一日に参謀本部から外相宛に、ホルヴァート工作で得られた利権一覧が届いた。この文書に、参謀本部は、これからなすべき対外政策の諸措置を要求した。それは、ロシアの親日派への援助をしながら「長期ノ対独作戦準備ト戦後ノ諸準備」をすること、列国の意向ばかりに翻弄されるべきでないことなどであった。そしてこの文書は、次のような言葉で締めくくられていた。「要スルニ実力ト威信トハ今日ノ利益ニシテ美名ト遠慮トハ季節ニ適合セサル一ノ装飾ニ過キサルヲ真情トス」。[40]

このような考え方からすれば、一九一八年六月、イギリス・フランス・イタリアが、ロシアへの内政不干渉などを事前に宣言するという条件を附して出兵を提起したことは、日本陸軍にとって侮辱にも等しいものであった。一九一八年六月十六日にイギリスの田中国重大佐から田中義一参謀次長へこの問題に関する電報が送られたが、この中で田中国重は、アメリカのヨーロッパ戦線での位置付けの重要性があるため、ウィルソン政権は対ロシア政策・シベリア出兵問題でも「不遜ノ態度」を取っているのだと激しい口調でアメリカを非難した。田中国重は、この出兵提議が日本に対して領土的野心を持たないことまで宣言させるのは、「帝国ヲ翻弄スルノ甚シキモノト認ム」と述べて、外交上での態度の表明を求めた[41]。シベリア出兵問題での、日本陸軍の対米感情は少しずつ悪化したのである。だが、そのアメリカの出兵提議を、陸軍側は出兵実行への突破口にしようとした。

アメリカから日本側に共同出兵の提起がなされた一九一八年七月、陸軍と寺内内閣の攻防は激しさを増した。まず七月十一日、上原参謀総長名で「米国ノ協同出兵提議ニ関スル意見」という意見書が出された。ここでは、「チェコ軍救援」という目標が明確化した以上、手段、出兵方面は「用兵上ノ見地ヨリ」決定されるべきであること、そして兵力数も敵の状況に応じて決定しなければならないものだから「自己ノ兵力ヲ限定スヘキ性質ノモノニアラス」と主張していた。「陸軍中央部」はさらに七月十二日に「米国ノ提議ヲ利用シ速ニ出兵ノ端緒ヲ開カンカ為」の意見書を作成し、十六日には具体的な派遣部隊と派遣地域、動員方法を決定した。しかもこのプランでは、時間を置いて追加兵力を動員する方法で兵力制限を突破しようとしていたのである。それは陸軍側が「此期ニ至レハ出先キノ情況ニ依リ必スヤ兵力ノ不足ヲ感スヘク然ルトキハ米国モ亦兵力制限ヲ固執セサルヘシ」と考えていたからであった[42]。

さらに、個人的ルートを通じての政策決定者へのゆさぶりもかけられた。田中義一参謀次長は、外交調査会でアメリカへの出兵提議に対する回答を審議し始めた一九一八年七月十六日、後藤新平外相にシベリアにおけるチェコ軍の様子を伝える電報の写しを送った。この文書に添えた書簡で、田中は、この電報は、ウラジオストックに派遣される軍隊は「警備的守備兵ニアラズシテ直チニ戦闘ヲ交ユルノ覚悟ヲ要スルコト」、したがってその準備を整えて動員しなければならないこと、直ちに出兵は実行しなければならないこと、「兵力ノ限定ハ全ク無意味ニ属スルコト」「浦塩方面ト同時ニ満州方面ノ出動ハ最モ緊要ニシテ且ツ有効ナルコト」などの問題を解決する資料なのだと書き添えていた。(43)

寺内首相に対する田中の主張はもっと露骨だった。田中は一九一八年七月三十一日、十二師団の師団長大井成元に与える訓令草案を同封した書簡を送った。その中で田中は、セミョーノフ軍の情勢に触れながら「国家ノ前途閣下ノ面目」を考えれば、「御所信ノ断行」を切望する、そうしなければ、「窮余辞職ヲ強ヒラルルガ如キ」ことにもなる上、「国歩多難ノ原因ヲ閣下ノ一身ニ負ハセ内外ノ情勢ヲ悲境ニ陥ラシムル」ようなことになるだろう、と言っていたのである。(44)

細谷千博氏が初めて明らかにした、一九一八年七月十六日の外交調査会での事件も、この文脈の上に成り立っていることであると考えられる。この席で大島健一陸軍大臣が、突然列席の委員に「極東露領出兵ニ関スル要領」という印刷物を配布したのである。この文書には、一四万人もの兵力を動員する計画が書かれていた。委員の驚愕で会場が騒然となったため、寺内首相は、この文書に書かれている兵力数は万一の場合の最高限度であって一度にこれだけの兵力を動員するのではないと弁明しなければならなかった。(45)

だが、あくまで寺内内閣は政治主導でシベリア出兵の政策決定に取り組んでいた。一九一八年七月二十日、寺内首相、大島陸相、田中参謀次長の三者で八項目の取り決めが結ばれた。その中では、チェコ軍の前進に伴い、守備地域はウラジオストックから拡大することは確かに認められていた。だが、最初に派遣される第十二師団の出兵より先には出兵を行うことはないこと、第十二師団は直接戦闘を目的とするものではないこと、そして外国との関係事項はまず外務省で立案し、それにもとづいて参謀本部が訓令することも決められていた。また、日本軍の出兵する兵力数は二個師団を超えることはないことが、寺内内閣の方針として決定されていた(46)。

陸軍の側は、これほど自らの主張が通らないことは不満だった。しかも兵力数のような、純軍事的な問題にまで、政党党首らが加わった外交調査会が決定をしていくことは、陸軍側にとっては「統帥権」の侵害と感じられた。『西伯利出兵史』には、政策決定において、自らの意見・要望がことごとく拒絶された「参謀本部当事者」の、次のような怒りの声が残されている(47)。

「過般来我政府ノ措置ハ頗ル優柔不断出兵ニ関スル米国ノ提議ヲ受ケテ既ニ二週日未タ使用兵力スラモ画定スルコトヲ得ス用兵上ノ見地ヨリスル参謀本部ノ企画、献策ハ毎ニ政府ノ干渉、抑圧ニ妨ケラレテ其機ヲ逸スルノミナラス動モスレハ純然タル統帥事項ニ迄モ容喙ヲ敢テセントシ而モ朝変暮改当事者ヲシテ徒ニ奔命ニ疲レシムルノ情態ニ在リ又参謀本部カ極力漏洩ヲ防止シツツアル用兵上ノ重要事項モ一度政府ノ手ニ移ルヤ忽チ新聞紙上ニ転載流布セラレ国民ヲシテ軍隊出動ノ機ノ何カ故ニ斯ク遅延スルヤヲ疑ハシムルモノアリ此ノ如クンハ曩ニ出動迅速ノ故ヲ以テ特ニ第十二師団ヲ選定シタル利益果シテ何レニカ存ス而シテ今回ノ出兵タルヤ国運ヲ賭スヘキ一大戦争トハ自ラ趣ヲ異ニスルカ故ニ決行期日多少ノ遷延、政策上ノ顧慮ノ加味等ハ或程度迄之ヲ忍フトスルモ統帥権侵害ノ悪例ヲ遺スコトハ絶対ニ防遏セサルヘカラスト信ス」

「浦潮派遣軍」の幹部たち。前列中央は大谷司令官，軍服を着ていない人物は，松平恒雄政務部長。（当時の絵はがきより）

陸軍関係者の憤激は、内部文書にとどめられただけではなかった。「前軍務要路者」という人物は、外交調査会で出兵の決定がなされたことについて、新聞紙上で「吾等は先輩たる寺内伯に対し常に敬意を表する者なれ共今回の政府の態度措置は政治家としては勿論武人としても伯の声価を傷けたる処大なるべし」と寺内を名指しで批判した[48]。上原勇作参謀総長は、病気を理由として辞任を申し出、自宅に閉じこもった。上原の不満をなだめるために、天皇が「現任ニ留リ加養シ続テ軍務ヲ執ル可キ旨聖旨[49]」を出さねばならなかったほどであった。

それでもなお、寺内内閣は出兵問題で陸軍側を抑制した。それは派遣軍の名称や、兵力移動の宣言にまで及んだ。派遣軍司令部は当初「西伯利派遣軍総司令部」と称するものであった。ところが「露領派遣軍総司令部」と名称が変更され、一九一八年八月四日、「更ニ政略上ノ関係ヨリ変更」された結果、「浦潮派遣軍総司令部」という名前が決定したのである[50]。また、一九一八年八月十三日、事実上セミョーノフ軍を救援するための「満洲里出兵宣言」も、「参謀本

部ノ意見ニ反シ」宣言が発表されたのである。(51)

また、陸軍側にとっては、出兵の大義として掲げられた「チェコ軍救援」も、困惑を招くものであった。陸軍側の戸惑いは、最初に動員される第十二師団の師団長大井成元に対する訓令に如実に現れていた。当初の訓令の草案には、「将来「チェック、スロワック」軍ノ行動如何ニヨリテハ我軍ノ行動延テ我国防上ノ要求ヲ掣肘セラルルノ虞少ナカラス」という言葉が記されていた。「チェコ軍救援」という公式の出兵の大義は「出兵ノ動機殊ニ対外関係上政府ノ意見ヲ容レ暫ク」使われるものにすぎないと書かれていたのである。「要地ノ占領ヲ外国軍ニ先セラレサルコト」「北満洲方面ヲ国際化セシメサルコト」という言葉が、元来陸軍が考えていたシベリア出兵がどのようなものであったかをうかがわせる。(52)一九一八年八月五日、正式に出された訓令ではこれらの文章はすべて削除されていたが、連合軍との関係で、協調を失するようなことはあってはならないが「情況ニ応シ機宜ノ処置ヲ執ルヲ要スト雖常ニ主動ノ位置ニ立チテ行動スルコトヲ努ムヘシ」という言葉が記されていた。(53)

こういう状況下でも、出兵の細目に関しては、寺内の望んだ「シベリア独立」の方針が貫徹された。上原参謀総長の名義で出した指示には、日本政府は反革命派を糾合して、「地方民意ヲ代表スル政治機関ヲ組織セシムルノ意嚮」を持っていることが記された。(54)

出兵発動後、米騒動で寺内内閣が弱体化すると、陸軍は次々と大規模出兵を主張する意見書を提出した。一九一八年八月二十日、参謀総長名で出された意見書が「先ツ後貝加爾州方面ニ出兵シ然ル後米国ノ諒解ヲ図ルヘキ議」であった。この意見書は、日本が国際社会に公式に掲げた「チェコ軍救援」という出兵の大義すら「米国一流ノ敵本的呼号ニ外ナラサルモノ」と切り捨てた。この意見書は、現状を静観すれば「遂ニ戦後海陸両方面ヨリ殺到スヘキ米国ノ威圧ノ下ニ呻吟屈服セサルヲ得サルニ至ルヘシ」とまで言っていたのである。(55)さらに一ヵ月後、陸軍大臣に「東欧新戦線構成ニ関スル研究」が渡された。「今ヤ事実ニ於テ聯合與国ニ対スル生殺与奪ノ実権ハ彼（アメリカのこと―井竿）ノ掌中ニ存スト謂フモ過言ニ非サルヘク帝国国策ノ遂行亦彼ノ掣肘ヲ受クルコト尠シトセス」と、強烈に対米対抗を意識したこの意見書は、かつて自ら「不可能」として排除した「欧州出兵」を自ら提出したものであった。(56) しかしながらこの意見書が寺内首相に渡される前に、寺内内閣が総辞職した。続いて登場した原内閣は、出兵決定の責任者だった田中義一を陸軍大臣として入閣させた。そして原内閣は、一九一八年十月十五日、バイカル湖より西に日本軍を派兵しないことを閣議決定し、(57) この問題は終止符を打たれた。原内閣のもとで、シベリア出兵は新たな模索の段階に至ったのである。

陸軍という実行主体においては、シベリア出兵はなによりもシベリア・満州北部の軍事的占領であった。しかも、陸軍元帥であり、首相である寺内正毅が、「シベリア独立」すなわち反革命派擁立による親日政権の樹立、シベリアのロシアからの分離という構想を抱き、この構想の実現へ向けて陸軍に働きかけた。陸軍内部にも、田中義一のように、「シベリア独立」による出兵に呼応する者が存在していた。陸軍の中から出てきたシベリア出兵構想が、当初の「居留民保護」から「シベリア独立」へと移行したことは、このような背景があったからである。

ただ、政策の決定という段階になったとき、陸軍と、寺内率いる内閣の間での対立が出現した。寺内内閣は、あくまで政府の統制のもとに陸軍を置き、陸軍側の独自行動を徹底的に抑制した。いかに寺内が「シベリア独立」を望み、陸軍側に工作を命じても、それは結果的に政府の統制下で陸軍が動くことが前提になっていた。ロシアの反革命政権ができた段階での兵力派遣であったからである。陸軍側が組織として政府の統制から離脱して独自の行動を取ることまで認めていたわけではなかった。なしくずし的に陸軍が政府側を出兵に引きずりこむことはできなかったのである。その過程では、アメリカが提起し、政党党首を含む外交調査会が決定した出兵政策に陸軍が従わなければならないという場面まであった。陸軍の内部にも、田中義一のように、ある程度の「共同出兵」を容認する考え方も存在したのだが、共同出兵は軍事力発動に対する日本の自主的権利の喪失であると考える方向性もまた存在した。しかし後者の考えは、ここでは日の目を見ることはなかったのである。また、陸軍側の寺内内閣に対する抵抗は、皆無ではなく、多方面にわたって展開されたのだが、不満を公然と政府側にぶつけるまでには至らなかった。上原参謀総長は出兵政策での不満を公然化したわけではなかった。また、寺内内閣末期に出された大規模出兵要求の意見書もすべて失敗したのである。寺内内閣を引き継いだ原内閣は、出兵問題での実務上の責任者であった田中義一を陸軍大臣として包摂し、シベリア出兵問題に対する政治の側の優位を保ちつづけたのであった。ただ、こののち、「シベリア独立」に関しては、イギリス主導で作られた、ロシア全土を掌握しようとする反革命政権「全ロシア臨時政府」と、日本の擁立した反革命地方政権との並立という事態を見ることになる。

本章では、寺内内閣側から登場し、のちに実現されていった「新しき救世軍」としてのシベリア出兵構想と、陸軍との関係については残念ながら触れることはできなかった。後藤新平の構想に見られるような、出兵という軍事力の発動と、経済援助、食糧・医療援助のような非軍事的活動のリンケージ戦略については、陸軍はこの時点ではほとんど構想を有していなかった。だが出兵実行後、「新しき救世軍」としてのシベリアでの事業に大変熱心に取り組むことになる。この問題については、次の章以降で具体的に考察していくことにしなければならない。

(1)　細谷千博『シベリア出兵の史的研究』有斐閣、一九五五年。原暉之『シベリア出兵』筑摩書房、一九八九年。

(2)　雨宮昭一「戦争指導と政党」『思想』六二二号、一九七六年、また「近代日本における戦争指導の構造と展開」『茨城大学教養部紀要』七号、一九七五年および八号、一九七六年。どちらも現在は『近代日本の戦争指導』吉川弘文館、一九九七年に収録されている。ただし、この二つの論文は単行本収録の際再編されている。

(3) 髙橋治『派兵』(全四巻、未完) 朝日新聞社、一九七三—一九七七年。
(4) 高橋秀直「原内閣の成立と総力戦政策」『史林』六八巻三号、一九八五年。
(5) 斎藤聖二「ロシア革命と日中関係」『シオン短期大学研究紀要』三〇号、一九九〇年および三一号、一九九一年。中国側がいかにしてシベリア出兵を「日華陸軍共同防敵軍事協定」の枠からはずそうと試みたかについては、笠原十九司「北京政府とシベリア出兵」中央大学人文科学研究所編『民国前期中国と東アジアの変動』中央大学出版部、一九九九年所収。
(6) 平吹通之「シベリア出兵決定経緯と陸軍」『軍事史学』三四巻二号、一九九八年。
(7) 拙稿「シベリア出兵構想の変容」『法政研究』(九州大学法政学会)六六巻四号、二〇〇〇年。本書第一章。
(8) 「欧州出兵ニ関スル研究」は参謀本部編『大正七年乃至十一年西伯利出兵史』(以下は通称の『西伯利出兵史』で呼ぶことにする。巻数、頁数は原本のもの)第一巻付録編、七—二八頁。
(9) 「居留民保護ノ為極東露領ニ対スル派兵計画」は前掲『西伯利出兵史』第一巻付録編、二九—三三頁。
(10) 『田中義一文書』(国立国会図書館憲政資料室寄託、山口県文書館所蔵)六〇二。
(11) これらの意見書は、『西伯利出兵史』第一巻付録編、三五—四八頁。
(12) 『西伯利出兵史』第三巻、一〇四五—一〇四六頁。
(13) 『西伯利出兵史』第一巻、三五頁。どのような人物が参加していたかについては、高橋秀直「総力戦政策と寺内内閣」『歴史学研究』五五二号、一九八六年。
(14) この「ブラゴベシチェンスク三月事件」の詳細は、「ブラゴヴェーシチェンスク三月事変ノ情況」『西伯利出兵史』第一巻付録編、一一—六頁。先行研究では原暉之『シベリア出兵』第八章を参照。当事者石光真清も、回想録『誰のために』中央公論社、一九七九年を残している。死傷者の数は、『露国革命一件　出兵関係　別冊　緒方書記生提出ノ同書記生発電写』(1.6.3.24.13.48)(外交史料館所蔵)を参照した。死傷者のうち、一三人は九州出身者であった。この時の関係者の貴重な回想を記録したものに、北野典夫『天草海外発展史』下巻、葦書房、一九八五年がある。
(15) このことについては、髙橋治『派兵』、原暉之『シベリア出兵』を参照。日本人義勇兵のプロフィールは、『黒木親慶文書』(えびの市立図書館所蔵)参照。この作戦は失敗であった。「セミヨノーフ軍の第一線　日本義勇軍を訪ふ」『福岡日日新聞』一九一八年八月十四日では、特派員黒田静男が聞いた話をまとめているが、ボリシェヴィキ軍に寝返った兵士さえいたと記されている。『西伯利出兵史』第三巻、一〇八二—一〇八三頁も、「是等義勇兵ノ大部ハ満洲ニ放浪セシ恒産ナキ無頼ノ徒」であり、訓練も不十分であったこと、最終的に一九一八年八月二十三日、中国軍と衝突して解散させられたことを記している。

(16) 宇垣の発言については、「日支陸軍協同防敵軍事協定顛末概要」『旧陸海軍文書』(国立国会図書館憲政資料室所蔵)六六九を参照(『西伯利出兵史』第一巻付録編にも同様の文書があるが、この箇所は掲載されていない)。中国側の反対については、笠原十九司「日中軍事協定反対運動」『人文研紀要』第二号、中央大学人文科学研究所、一九八三年を参照。「日華陸軍共同防敵軍事協定」の締結に関して、詳しいものとしては、他には関寛治『現代東アジア国際環境の誕生』福村出版、一九六五年がある。

(17) 「山縣元帥ノ対露政策ニ関スル暗号電報」『田中義一文書』五二。

(18) 纐纈厚『近代日本の政軍関係』大学教育社、一九八七年。田中の意見書の執筆の順序は、この著書にしたがった。

(19) 「帝国軍ノ北満及東部西伯利亜ニ対スル関係ニ就テ」は、外務省文書『露国革命関係一件・出兵及撤兵別冊』第八巻(1.6.3.24.13.31)に綴じこまれている。ただ、この文書は、後述するシベリア経済援助にかかわる書類が綴じられている。これだけがなぜここに入っているのかは不明である。田中のシベリア出兵関係の意見書で、この文書だけは、印刷されたものである。公式に意見として提起されたものであることが分かるが、外務省以外どこに出されたかは不明。

(20) 「シベリアニ関スル田中参謀次長ノ意見書」は『田中義一文書』四九。

(21) 「シベリア出兵計画ニ関スル田中参謀次長ノ意見(草案)」は『田中義一文書』五〇。

(22) 一九一八年二月十二日の書簡。『寺内正毅文書』(国立国会図書館憲政資料室所蔵)三一五-六二。

(23) 『日本外交文書』大正七年第三冊、三五五頁。

(24) 角田順校訂『宇垣一成日記』第一巻、みすず書房、一九六八年、一四四頁。

(25) 『宇垣一成日記』第一巻、一五七―一五八頁。

(26) 『宇垣一成日記』第一巻、一七二頁。

(27) 「日支陸軍協同防敵軍事協定交渉顚末」前掲『旧陸海軍文書』。この席で宇垣の話を聞いたのは、陸軍省から陸軍大臣、陸軍次官、軍務局長、兵器局長、参謀本部から参謀次長、総務部長、第二部長、そして教育総監部本部長。

(28) 『宇垣一成日記』第一巻、一八三頁。

(29) 「過激派政府承認問題ニ就テ」『荒木貞夫文書』(東京大学法学部・近代日本法政史料センター所蔵)六六。『日本外交文書』大正七年第一冊、七七四―七七五頁にも収録されている。この頃の、連合国のボリシェヴィキ政権承認によるロシアの対独戦争復帰の工作については、細谷千博、前掲『シベリア出兵の史的研究』を参照。

(30)「速ニ帝国極東対策ノ決定ヲ切言ス」『荒木貞夫文書』六九。シベリア出兵論の根拠となった「独墺東漸論」については、拙稿「シベリア出兵論の構造と背景」『九大法学』七八号、一九九九年(本書第三章)を参照。対米対抗のためならば、対独単独講和(これは明確に連合国との協定に違反しているが)も辞さないというのは、後藤新平に通ずるものがある(これについては前掲拙稿「シベリア出兵構想の変容」を参照)。
(31)『西伯利出兵史』第一巻、三八頁。「編制、装備改正案」は付録編、七三—七五頁。
(32) 高橋秀直、前掲「総力戦政策と寺内内閣」。北岡伸一『日本陸軍と大陸政策』東京大学出版会、一九七八年も参照。
(33)「山縣元帥・大島健一陸軍大臣談話要領」一九一八年六月八日付の宇垣一成から奥保鞏への書簡。『宇垣一成文書』A四-〇二憲政資料館所蔵)。
(34) 勝田主計『ところてん』日本通信大学出版部、一九二七年、一一九頁。同書一二〇頁では(北岡伸一氏が前掲『日本陸軍と大陸政策』で指摘しているが)、山縣が寺内と反対に、税の徴収方法によっては国民負担力はあるはずだと勝田に迫っていたことを記している。結果として、寺内との意見の食い違いによる山縣の反感は「氷解」しなかった。寺内内閣末期の一九一八年八月十五日、山縣は田健治郎逓信大臣を呼び、終日寺内内閣に対する不満を語りつづけた。その中に「予算編成之欠点、国防計画之杜撰」が挙げられていたのである。『田健治郎日記』(国立国会図書館憲政資料室所蔵)一九一八年八月十五日の項。
(35)「浦潮応急派兵計画」の全文は、『西伯利出兵史』第一巻付録編、六九—七一頁。このことについては、『欧受大日記』大正七年第九冊(防衛庁防衛研究所所蔵)に、関係文書が多数綴じこまれている。
(36)『西伯利出兵史』第一巻、三八頁。この過程についての分析の先行研究として、細谷千博「シベリア出兵の序曲」『ロシア革命と日本』原書房、一九七二年所収、あるいは小池聖一「シベリア出兵と日本海軍」海軍歴史保存会編集・刊行『日本海軍史』第二巻、一九九五年所収参照。
(37)『日本外交文書』大正七年第一冊、七〇九頁所収。
(38)『日本外交文書』大正七年第一冊、七六〇—七六一頁。
(39)『西伯利出兵史』第一巻、三八頁。
(40)『日本外交文書』大正七年第一冊、七七一—七七四頁。
(41)『日本外交文書』大正七年第一冊、八三四—八三五頁。
(42) 意見書は『西伯利出兵史』第一巻、四八—四九頁。具体的な兵力動員計画と、その根拠の考察については同書、五二頁。

(43)『後藤新平文書』(雄松堂フィルム出版、一九八〇年、九州大学大学院法学府所蔵)八六リール。
(44)『寺内正毅文書』三一五-七一。
(45)細谷千博、前掲『シベリア出兵の史的研究』二一一頁。「極東露領出兵ニ関スル要領」は『牧野伸顕文書』四三四にある。
(46)『西伯利出兵史』第一巻、五五―五六頁。兵力数については、高橋秀直「原内閣の成立と総力戦政策」『史林』六八巻三号、一九八五年を参照。
(47)『西伯利出兵史』第一巻、六四―六五頁。
(48)「倒行逆施の世」『東京日日新聞』一九一八年七月三十一日。
(49)上原から山縣への書簡。一九一八年八月二日。『山縣有朋文書』(九州大学大学院法学府所蔵のマイクロフィルムを用いた)。
(50)『西伯利出兵史』第四巻、二三一―二四頁。
(51)『西伯利出兵史』第一巻、一六四頁。宣言文は『日本外交文書』大正七年第一冊、九五〇―九五二頁。
(52)『西伯利出兵史』第一巻、五四―五五頁。
(53)『西伯利出兵史』第一巻、一四三―一四五頁。
(54)『西伯利出兵史』第一巻、一四八―一四九頁。
(55)『西伯利出兵史』第一巻付録編、一〇五―一〇六頁。
(56)『西伯利出兵史』第一巻付録編、一二一―一二九頁。このことの国際政治上の位置付けは、細谷千博「日本とコルチャク政権承認問題」前掲『ロシア革命と日本』所収。北岡伸一、前掲『日本陸軍と大陸政策』は、この時点では寺内内閣は陸軍予算編成の能力すらなかったことを伝えている。
(57)『日本外交文書』大正七年第一冊、一〇〇五―一〇〇六頁。

第三章　シベリア出兵の発動と遂行

シベリア出兵は、ここに政策決定者のレベルでの決定を経て、発動される段階に至った。ここまで述べたように、寺内内閣は、外交調査会と閣議で政策を決定した(実質的には外交調査会で決定されてはいたが、正式には閣議決定がなければ動けない)。そして、政策遂行主体の陸軍と、場合によっては対立をもはらみながら、自らのシベリア出兵構想の実現をはかった。以上の過程を経て、一九一八年八月二日、ついにシベリア出兵宣言は出されたのである。

だが、シベリア出兵という一つの政策は、単に東京の外交調査会委員や閣僚、高級軍人を納得させられれば実行できるというものではない。政策遂行のためには、大量の人間を動員していかなければならない。しかも、問題が対外的な軍事力の発動という、場合によっては政策遂行を命じられたものの死をも招く場合には、政策実行者の賛同を得なければならない。そして、発動が命じられたとき、政策遂行の末端の現場ではどのような状況が現出されたかを考察しなければならない。それは、政策執行状況を明らかにし、さらに政策のフィードバックを見ていくには必要な作業である。

以上のことを明らかにするために、この章ではまず、シベリア出兵推進論の論理と構造、そしてこのような議論が出てきた背景を明らかにしたい。最近は戦争遂行を正当化する論理という視角から、このような議論への光をあてる研究も登場している。[1] 後に述べるように、出兵論を鼓吹した集団には政府からの工作資金が出てはいた。しかし彼らの議論を単に政府のプロパガンダであると片付けることには問題がある。プロパガンダに足る言論として計算されたものである以上、同時代人の琴線に何らかの形で触れようとしていたからである。彼らの議論は、公式の政府見解が「シベリア出兵はロシアとの戦争ではない」ということであったことに呼応して、シベリア出兵は侵略ではないと弁証することにあったのである。そして、出兵論者は、時代の要求に応じた、「戦争」という実態以上のものを、シベリア出兵に付加しようとした。何を付加しようとしたか、これを明らかにする。

そしてシベリア出兵は、末端ではどのように発動され、遂行されていったか。その一つの例としてここでは、最初にシベリア出兵で動員された、第十二師団を例に取り上げる。本書のテーマである「初期シベリア出兵」がどのように発動されていったか、当時現地で発行された新聞、同時代人の手記などから見ていくことにしたい。

一　シベリア出兵論の構造と背景

本節の目的は、シベリア出兵を促進しようとする議論がいかなる論拠と論理を持ち、どのような背景をもって登場してきたかを明らかにすることにある。

周知のように、一九一七年十一月にロシアでボリシェヴィキ政権が樹立されてから、日本において寺内正毅内閣がシベリアへの出兵宣言を行うまでには一〇ヵ月ほどの間が存在した。この間、政策決定レベルを含めて、日本国内でシベリア出兵に対しては賛否両論がかわされていたのである。

われわれがシベリア出兵をめぐる議論で現在でも目にすることがあるのは、やはり出兵に反対、あるいは出兵に慎重な人々の議論であろう。当時の政友会総裁であり、出兵直後に首相となる原敬が出兵慎重論者として知られていたのは今更記すべくもないことである。マスコミであれば『大阪朝日新聞』や『東洋経済新報』であり、論客で言えば『東洋経済新報』の石橋湛山や当時の東京帝国大学教授吉野作造の張った論陣について思い出す。(2)

確かに、シベリア出兵促進の運動には政府筋からのテコ入れ(具体的には資金援助)が存在していた。(3)だが、国家や、国家に協力する言論人が国民に動員の正当性をどのような論理で働きかけたかは、やはり解明の必要が存在する。それは、出兵遂行のために、同時代の何を打破し、そのためにいかなる言葉で語りかけなければならなかったかが一面からにせよ明らかになるからである。そして反面、これに対抗する出兵批判者が、出兵論の何を批判したかが明らかになるからである。後に本文中に述べるように、日本国民には、本格的に第一次世界大戦の当事国として参加することを忌避する感情が存在していたことは、当時の陸軍も認識していたことであった。そのような国民感情に逆行する政策実施のための言論展開は、広く共有されている現状への危機感や、同時代的な思潮にある程度配慮したものにならざるをえなかった。そのため、政治情勢の展開などによっては、論拠や正当性が種々に分かれたのである。シベリア出兵は、最終的に公式に発表された出兵宣言でも、「チェコ軍救援」のためのものであり、ロシアに対する内政不干渉と友好関係の維持を謳わなければならなかった。動員される側の一人ひとりに、これらの議論が明確に正当性を与えたかどうかについては、残念ながらここでは明らかにすることができない。だがシベリア出兵論者が強調した現状への危機意識、出兵と同時に遂行することを主張した内外政策に関しての、出兵批判者のそれとの同一性を考える時、動員する側の論理と、その論拠が成立する背景を把握することの必要性はあると考えられる。

シベリア出兵促進論と反対論を分析した研究としては、菊地昌典氏の著書がある。(4) 菊地氏の著書は、革命を直接目撃した日本人の報告、当時の日本人のロシア革命認識などまで踏み込んだものである。だが、菊地氏の分析は、ドイツ・オーストリア脅威論である「独墺東漸論」などについて指摘をしながら、それが実は当時としても根拠薄弱なものとみなされ、「独墺東漸論」以外の論拠が提起されはじめたことについては触れられていない。また、このような出兵論が、どのような当時の議論の系譜上にあるのかも、残念ながら十分には触れられていない。

本節では、まず菊地氏も指摘した「独墺東漸論」がどのようなものであるかを、当時の日本国民の中にあった、ボリシェヴィキ政権への視線とともに概観する。ついで先行研究でも言及されたこともある「出兵九博士」の論文集『出兵論』や、その他当時出版された出兵促進論のパンフレットの内容を検討する。シベリア出兵促進論が何を論拠にし、当時の政治情勢の中で、どのようなものとして出兵を位置づけていくのかを明らかにするのが目的である。そして最後に、出兵論がいかなる同時代認識の上に立っているものかということについて論じることにしたい。

1 ボリシェヴィキ政権への視線と「独墺東漸論」

日本国内では、十月革命で成立したロシアのボリシェヴィキ政権に対し、当初から冷淡な視線が存在していた。すなわち、ボリシェヴィキ政権は永続できないだろう、というものであった。後に日本の社会主義運動で有名になる櫛田民蔵は、『大阪朝日新聞』の社説として、「今回露国に於けるは、其の規模の宏大にして、勢力の偉大なる、歴史上未だ曾て見ざる底のものなるが故に、世にはマルクスの社会共産主義は露国に於て実行を見るに非ずやとなすものあり。然れども吾人は到底斯く信ずること能はず」と書き、ロシアのボリシェヴィキ政権はマルクス主義を実行しうる革命政権ではない、と記した。このような分析の上に立って、この社説は「即ち同国（ロシア―井竿）に於ては、自由主義勝利の時代を抜きにして、一足飛びに社会共産の時代に走らんとしつつあるなり。然れども自由主義に徹底せざる社会共産主義なるものが、果して克く成立し得べきや否や」と問いかけて、オーストラリアが八時間労働制を実行した結果が芳しくないことを例にあげ、「其の結果は却つて資本主義の反動を招きつつあり」と言う。そして結論としてこの社説は、「過激派政府の宣言は、来るべき新社会の理想の実現として、世界史上の一偉観なりと雖も、そは歴史の秩序を無視したる行動にして、マルキシズムの妄信に外ならず。素より反動を免れず」と、ボリシェヴィキ政権は確実に失敗すると書かれていたのである。(5) 既に日本でも社会主義が知られていたし運動もあったとはいえ、共産主義を掲げるボリシェヴィキ――当時の日本の言い方に従えば「過激派」――の政権が長く続くことになるとは考えられないという認識が存在していたのである。(6)

ただ、ロシア新政権への脅威論は、当初は敵国ドイツ・オーストリアに対する軍事的敵対心を根底にして生じてきたものであった。それが「独墺東漸論」である。

「独墺東漸論」とは読んで字の如く、当時第一次世界大戦の敵国であった、ドイツ・オーストリアの勢力が東方へ進出してくるというものである。それも、この時点で政権を掌握したボリシェヴィキ政権が「独墺東漸」の手先になっている、というものであった。陸軍部内では早くも革命直後の一九一七年十二月には、「露都ニ於ケル過激派ト独逸機関トノ間ニ密接ナル関係アルコトハ確実ニシテ最近露国参謀本部側ノ諜知スル所ニヨレハ此独逸機関ハ将官以下五名ヲ中心トシ其一部ハ常ニ過激派政府内ニ勤務シ特設電話ニテ相互ノ間ヲ連絡シ居レリ」というような情報が行き交っていたことが分かっている。(7)

「独墺東漸論」が日本国内で登場するには、それなりの事実が反映されていた。まずはボリシェヴィキ政権が革命直後にドイツと休戦し、翌年一九一八年には単独講和をしたことである。さらに、シベリアには当時ドイツ・オーストリア軍の捕虜が二十五万人あまり存在したこと、そしてその捕虜の中にいた社会主義者たちがボリシェヴィキ軍に加わって戦っていたことである。[8] 当時の外交官上田仙太郎の現状報告の中には、「現在西比利亜ニハ武装セル幾千ノ独逸俘虜アリト雖此ノ俘虜ハ独逸ノ意ニ反シテ武装シタル万国社会主義者ナルヲ以テ」とあるように、[9]「独墺俘虜」の中の社会主義者が——しかもドイツの意に反して、ということも分かっていた——武装していることは確認されていた。ところがこの事実はその他の出来事と結びついて、壮大な陰謀論である「独墺東漸論」を作り上げはじめたのである。

「独墺東漸論」がどのような議論をしていたかを確認してみたい。例えば陸軍参謀本部が作った「西伯利ニ於ケル独逸ノ秘密機関」という冊子[10]は、ドイツがロシア国内に諜報網を作り上げ、①極東問題で日米間の離間を促進する、②ロシア国民に日本がシベリアを占領する野望があると宣伝する、③中国の対日敵愾心を煽動する、④馬賊を支援して日本に反抗させる、⑤日本の出兵に対して「武装俘虜ノ準備ヲ速ニ完了スルコト」をやろうとしていると主張していた。

そして、ドイツのスパイとして、ロシア人、スウェーデン人、デンマーク人、ユダヤ人、ポーランド人が使われていると記し、「殊ニ丁抹領事カ抑留独墺人ノ保護及瑞典赤十字社員カ捕虜ノ為ニスル斡旋ヲ名トシテ各地ニ横行シ其手先ヲ買収シテ諜報網ヲ張レル証跡尠シトセス」と書かれていた。スウェーデン赤十字社がドイツ・オーストリアの捕虜に対して人道援護をやっていた事実も、ここでは諜報活動の一環として見られていたのである。[11]

そしてさらに、この冊子は「秘密機関ハ独リ欧人ヲ操縦シアルノミナラス支那人、朝鮮人等ヲ使用シアリ殊ニ朝鮮人ハ我国ノ諜報ヲ蒐集スルニ便ナルト共ニ排日鮮人(原文ママ—井竿)ノ比較的多ク極東露領ニ在住シアルノ関係上最モ重用シアルカ如シ」と記して、具体的な人名(安重根の弟がいるとも記されている)を挙げながら、ロシアに在住している朝鮮人独立運動家がシベリアにおいてドイツのスパイとなっていると記していた。

一九一八年一月二十六日、衆議院委員会で政友会議員牧山耕蔵は、ロシアに帰化した朝鮮人移民が満州に現れて抗日宣伝をしているとして、政府に何らかの対応を求めた[12]。日本の朝鮮「併合」から十年足らずの時点で、ロシア、満州に逃れた朝鮮人が多数いたことは知られていたが、彼らの行動も「独墺東漸」の証拠とされていたのである[13]。

またこれらの「事実」は、内部文書というだけではなく、当局者の口を通して広く伝えられていた。例えば、一九一八年四月十五日、政友会本部で開かれた「茶話会」に招かれて講演した陸軍省の永田鉄山大尉は、まず「独墺俘虜」について、具体的な数を挙げながら、「此等俘虜の一部分は土地の職業に従事して居る者などもあるやうでございます、大体に於きまして俘虜は今や無監視の状態にありまして、其中には武器を持つて居る者もあるやうでございます又各地共に過激派と多くは消息を通じて居るやうであります」と語った。そしてその上で永田は、在ロシア朝鮮人による、抗日独立運動が活発化していると指摘した後、「御承知の通り陰謀を逞うすることが極めて巧妙な独逸人でございますから、帰化朝鮮人あたりを唆かして帝国に対して何か不逞な事をやらせるやうなことは決してないことではなからうと存じて居ります」と述べて、この一連の動きがドイツの使嗾によるものであると示唆したのである。このように在外朝鮮独立運動と、ドイツの関係を仄めかした後、永田はこのように続けて、朝鮮人の抗日運動—ロシアの社会主義者—ドイツという線を結んで見せた。すなわち、「ストックホルムの万国社会主義者大会を通じて世上に発表致しました独逸の社会党、多数派の媾和条件の中の一節に、独逸の社会党は世界の諸国の中で他邦に圧抑され屈服せられて居る国々が再興を図り、独立羈絆を脱することを図るならば極力援助すると云ふことを中述べて居りまして、其の圧抑をされて居る国と云ふ中には朝鮮も書き上げてあります」という、ユーラシア大陸を横断するような誇大な陰謀論のうちに、ドイツ脅威論を語っていたのである。[14] しかもこれら「独墺東漸論」がこの時点では、政治家や軍人という、政策形成・決定にかかわるレベルで語られていたことも注目すべき点である。「独墺東漸論」が、国民動員のための政治的レトリックとしてのみ語られていたわけではない可能性があることが考えられるのである。

この時期、日本国内では、社会的にも、「独墺東漸論」に関連して、行政的な措置がとられたり、奇怪な事件が起こったりしていた。一九一八年一月二十四日、内務省令第一号として、「外国人入国ニ関スル件」が制定された。これは「旅券又ハ国籍証明書ヲ所持セサル者」「帝国ノ利益ニ背反スル行動ヲ為シ又ハ敵国ノ利便ヲ図ル虞アル者」「公安ヲ害シ又ハ風俗ヲ紊ル虞アル者」などの入国を地方長官（東京は警視総監）が禁止できるというものであった。[15]

また、一九一八年五月十四日、地方長官会議の席上で後藤外相は、「現下露国内の秩序壊乱に伴ひ、西伯利地方等より敵国の密使又は危険人物の本邦へ渡来する者可不尠に付益々警戒を厳にし入国者は勿論一般在留外人と雖苟も容疑の者あるときは厳重其行動を監視すること極めて必要なり、将又露国内に於ける敵国勢力の侵入と共に帝国並聯合與国間の関係を阻隔し殊に日米及日支間を離間するを目的とする各般の浮説が露国方面より伝播せらるるに至りたるは顕者なる事実なるに付、苟此等流言に惑はさるることなき様特に管下人民を指導せらるるを要す」[16]と述べて、シベリア経由でスパイが入り込んでいる旨の発言を行っている。先に引用した陸軍の文書にあった、「ドイツの日米離間策」が、日本国内における噂の流布などという形で行われている、という表現がここでも用いられているように、敵国ドイツへの脅威がシベリアを通じて迫りつつあるというような言論が流布されていたのである。

そのうえ、単にこのような言葉が諸種の情報源から流布されていただけではなく、奇怪な事件がいくつか発生していた。やや時期が前後するが、日本に抑留中のドイツ軍捕虜（青島での戦いの際に捕虜になったもの）を慰問するなどの名目で来日していたスウェーデン人宣教師ヘルマン・ネアンダーなる人物が日本国内滞在中からスパイの嫌疑を受け、一九一八年二月朝鮮で憲兵に取り調べを受けるという結果を引き起こした事件[17]や、さらにイギリスのドイツ人二重スパイの派遣に関する、一九一八年三月の『東京日日新聞』のスクープ事件[18]、などである。しかも国民は正確には知らされていなかったにせよ、一九一八年二月に、本野一郎外相がアメリカ大使に対して、出兵問題で「私見」を語った問題[19]の余波などもあって、少なくとも一九一八年四月頃まで、日本国内は出兵をめぐって騒然とした情勢にあった[20]。

細谷千博氏や原暉之氏も著書で引用したことのある、著名な出兵促進論集のパンフレット『出兵論[21]』は、このような変転の激しい状況下の一九一八年四月、文字通り緊急出版されたものだったのである。次の節では、この『出兵論』が、どのようにシベリア出兵論を唱えていたかを検討してみることにしたい。

2　「出兵九博士」の出兵論

『出兵論』は、前述したとおり一九一八年四月、東京の民友社から出版された。この本は、以下の執筆者によって書かれたものである。

建部遯吾（社会学者、東大教授）、高橋作衛（国際法学者、この当時は貴族院議員）、添田寿一（元鉄道院総裁）、中村進午（国際法学者、東京高等商業学校教授）、戸水寛人（ローマ法学者、この当時は衆議院議員）、寺尾亨（国際法学者、元東大教授）、松波仁一郎（海商法学者、東大教授）、志田鉀太郎（商法学者、学習院教授）、仁井田益太郎（民事訴訟法学者、京大教授）

『出兵論』は、その著者の顔ぶれを見ても明らかなように、学問的業績においても現在でも著名な人物を含む、当時の博士号保持者たちの出兵促進論（仁井田は民事訴訟法改正作業などで多忙なため、趣旨に賛同するメッセージを巻末に寄せただけ）を集めたパンフレットである。彼らは「出兵九博士」と呼ばれ、定期的に出兵論の勉強会を開いたり、民間の出兵促進運動に参加して講演したりしていた[22]。

このパンフレット作成に参加した人々は、出兵するという論点では一致していたものの、執筆者の一人松波仁一郎が「九博士の会合と言つても、共同一致の意見を作り上げる約束も無い」し、「如何にも我々を過激論を為すものの如く見做す者もあるが、一々正誤を出すのも煩ひ[23]」と雑誌で書いていたように、出兵の規模、範囲、時期などについての統一見解は存在していなかった。そればかりか、展開される出兵論には、さまざまなものがあったのである。

掲載された出兵促進論の中には、戸水寛人のように、「私は領土的野心なくして西伯利亜に出兵するなんと云ふ事は実に無意味と思ふ」と書き、「米国の抗議を如何す可きと云ふ問題がある。若しも日本が西伯利亜に出兵したらば米国人は多少の抗議を為すかも知らぬ。此事は敢て顧慮するに及ばぬ」あるいは、「若しも未だ平和克復せざる前に於て米国が勝手に日本に反対する事があつたならば米国に一撃を加へても宜しい。米国も此位な事は分つて居るから恐らくは公々然日本に反対し得まいと思ふ、日本は固より米国と戦争を好むでは無けれども、米国が来れば相手にする事は辞す可きで無い」などと、アメリカとの軍事衝突も辞すべきではない、などという現実性のない極端な出兵論(24)も含まれてはいた。だがこのパンフレットで基調となっているのは、「独墺東漸論」を論理的根拠としながら、いかに日本の今回行うべきシベリア出兵は侵略的ではないか、ということを強調しようとする点である。

ただ、論拠としての「独墺東漸論」に関しては、あまりに誇大な陰謀論となっていたために、逆に論拠として薄弱になってしまったことが分かる。添田寿一はブラゴベシチェンスク三月事件を引いて「今や瞬時も躊躇すべきにあらず。而して記憶せよ、帝国の敵は独国若くは之に使嗾操縦せられて狂暴背信を敢てする乱民なることを(25)」と述べた。また寺尾亨は「現在目前に敵影が見へないから大した事もあるまいと思つて居ると、そいつは間違ひだ、過激派の勢力をうまく推して居る露西亜の軍人も沢山居る、それから武器を持つた独墺の俘虜も沢山に居るのでありますというように、「過激派」とドイツとの関係を持ち出した(26)。しかし、中村進午の論文は「独軍未だ西比利亜に来らず独の俘虜十五万兵器を持たざるが故に恐るるに足らず我が出兵は尚早ならずやと疑ふ者あり甚しき短見なり独軍既に西比利亜に来り独の俘虜既に兵器に富みたるの後日本が出兵するは半ば焼たるの後の消火器の使用なりと知るべし」と、ドイツの正規軍がシベリアにはいないこと、そしてドイツ軍捕虜が武器を持っていないことを自ら認めてしまっていた(27)。また松波仁一郎は「現在は帝国の自衛又は東洋平和の為めに大兵を西比利亜の地に出動すべき時機なる乎」と問いかけては見たものの、ロシアが完全に敵国となったわけではないので「而して露国全体として未だ聯合を去りて敵と合したる名実なき限りは目するに敵国を以てすべからず茲に於てか西比利亜の地には我より出征すべき大敵なきなり」と述べた後に「然れども独逸勢力の東漸は否むべからず」と続けるようなことをしていた。その上この論文は、「俘虜を目的として大兵を出すは鶏を割くに牛刀を用ふるもの」であり、「日本の西比利亜出兵は英仏軍の為めに精神的興奮を加ふるに止まるなり」というような語るに落ちたような議論を展開する有様だった(28)。ドイツ軍の脅威は高唱してみたものの、事実をあげればあげるほど論拠が貧困になるという結果を招いたのである。[29]

そのため、「独墺東漸論」は、「現にシベリアにドイツ軍が来ている」という意味で用いられる場合と、単なる「ドイツ脅威論」という意味で用いられている場合とがあった。[30] そしてその中で、「独墺東漸論」以外の論拠からシベリア出兵を正当化する試みも既に存在していたのである。例えば高橋作衛のように、「出兵は必ずしも出戦にあらず。少くとも露西亜と戦ふの意義なし（若し露西亜が我軍を攻撃するに非ざれば）又独逸勢力の東漸を防止する為めに露西亜と共同するの必要あり、而して其の危険の存在する間は其の占領を継続するの必要あり」というように、出兵を戦争とは異なるものだとし、少なくともロシアと戦うためのものではない、と主張する論が存在した。[31]

ここでの「独墺東漸論」は明らかに後者の意味で用いられていた。松波は、別の雑誌に書いた論文で、日本の行うべき出兵は「露国を敵とせず又露国人を敵とせず」と記していた。[32] そしてまた戸水のような過激論は別としても、先述の中村は「吾人が西比利亜に出兵せよと云ふは大正七年の今日に事新しく始まりたる創見にあらず」と幕末以来のものであることを記し、「西比利亜出兵を日本が西比利亜に於て利益を得んとするに存すと云ふが如き近眼者流は速かに眼医者の治療を仰がねばならぬ僻見なり[33]」と書いていたし、志田鉀太郎は、日本の出兵は「正義人道に基き国際の道義に拠り」なされるものであり、これによって「（シベリアの―井竿）治安を維持し一方には明巣覗火事盗を防止すると同時に他方には敵国の侵蝕を一掃」するものであると主張していた。続けて志田は、このような出兵は「敵国人を別として諸外国人の等しく歓迎すべき美挙たるのみならず露人は其の過激派たると反過激派たるとを問はず何れも感謝措く能はざる所」である、なぜなら「我帝国は寸毫も領土上の野心を抱くものに非らず」、ロシアが復興すれば直ちに撤兵を断行するからだと論じていた。[34] ボリシェヴィキさえも感謝するはずだというのはいささか極端であるが、このように、出兵がロシアに対する侵略性を持っていない、あるいは出兵はロシアに対する戦争でない、という論法がこの論文集では顕著に見られた。第一次世界大戦がまだ継続中で、ドイツという明確な敵国があるという前提で展開できる議論であった。

次に現れるのは、日本の同時代状況に対する叱咤であった。本野外相が、一九一八年四月に病気と出兵問題に関する意見対立から辞任したことと関連して、添田寿一はまず本野が列国に対する弁明のための犠牲になったのではないかと批判した。続けて寺内内閣に対して「時世の流行を逐ひ内閣の更迭、外相の異動、外交調査会の廃止を避け、所謂事勿れ主義によりて解決せむには、唯出兵断行の一途あるのみ」と要求した。そして添田は、「此大切なる場合に臨みながら公々然と出兵につきては研究若しくは帰定する所なきを明言して憚らざる首相あり、之に対し平然たる立法府国民あり、朝野倶に一大危機の迫れるを感ぜざるが如くなるを見て、吾人は殆と言ふ所を知らざるなり」と感情的な言葉さえ口にして寺内内閣をはじめとする日本国内各層の出兵問題への対応を批判した。[35] そして寺尾亨は「日本が世界戦争の渦中に投じて以来既に四年いや五年にもなるが国民がさつぱり参戦して居ると考へて居らない」と日本国民を非難した。寺尾は、日本人は「大分金も儲かつたが先づ先づ中立国のやうな考へをしてゐる者の方が多い、日本人は戦争をすると金が儲かるものだと思つてゐる、日清の時はさうでもないが日露の時にウンと儲けたから今度の欧洲戦争でも盛んに儲けやうと思つてゐる、いや儲けた連中は大分ある、兎も角日本人は皆楽々として居る有様であります、勿論此戦争が長びかうなどとは夢にも思はなかつたので先づ精々一年長くて一年半位と心得て居たのであります、そして戦争をすれば必ず勝つものと考へて居ります」と述べていた。そして寺尾は「日本は東洋の平和を完全に維持しなければならぬのであります、又世界の強国として力を此処に尽さねばなりません。此際起つか否かが即ち将来日本が独立するか自滅するかといふ分岐点であります、その起ち方によつては将来に及ぼす所が甚だ大きいのであります。僅かに生存し得るとしても世界に貢献しないやうでは甚だ心許ないわけであります」と主張した。[36] 日本は第一次世界大戦の参戦国であった。このことを国民に想起させ、将来的に日本が国際的地位を高めようとするならば、出兵をしなければならない、という主張であった。

『出兵論』の執筆者たちは、出兵の論拠として、意味をずらしながら、「独墺東漸論」を用いていた。ドイツ・オーストリアの軍隊がシベリア経由で攻めてくる、というはずだった議論が、今はいないが、いつかは来る可能性がある、という意味にも用いられていたのである。だが、このレベルでも論拠が貧困になることでも分かるように、ドイツ軍が日本の脅威になるということは、政治・軍事の中枢レベルでは疑われはじめていた。例えば田中義一は有名な意見書「シベリアニ関スル田中参謀次長ノ意見」(第二章参照)で「万一我国ト独軍ト衝突スル場合アリトスルモ今日ノ独軍ハ最早日本軍ノ敵ニアラズ必ズヤ我勝利ヲ疑ハズ」と記していた。[37] また、一九一八年六月の参謀本部の意見書「西部西伯利出兵ニ関スル研究」では、「独墺俘虜」やボリシェヴィキ軍は兵力数が大きいため、「懸軍深ク西部西伯利ニ進入スルニ当リ少カラサル抵抗ニ遭遇スヘキヲ予期セサル可ラス」と記した。だが、それでもこの意見書は「西伯利ニ於ケル過激派ハ何等ノ訓練ナキ烏合ノ衆ニ近ク独、墺俘虜ハ稍戦闘力ヲ有スルモ真ニ死生ヲ賭シテ我ニ対抗スルノ闘志ヲ有スルヤ頗ル疑ハシ」と明確に「独墺東漸論」に疑問を呈したのである。[38] そのうえ『出兵論』の執筆者の一人高橋作衛が、一九一八年三月二十日「独墺東漸」とアメリカのロシア船舶入手について貴族院で質問した際に、寺内首相は「唯今高橋君ノ仰ッシャル如ク、西伯利亜ニ在ル所ノ捕虜ガ云々ト云フコトヲ、ソレ程ニ心配ヲシテ居リマセヌ、我ガ帝国ノ威力ハソレ等ノコトニ付テ、ソレ程ニ心配スルホドノ無力ノモノデハナイト私ハ信ジテ居リマス」と述べて、「独墺東漸」の危機を強調することに批判的な態度を示した。[39] 「独墺東漸論」は、ドイツ軍による攻撃が、日本領土(あるいは日本のアジアにおける権益地)に直接及ぶまで気付かないほど日本政府及び軍事当局が無力かつ無能であるという議論にすらなりうるからであった。

この後、政治情勢は、シベリア出兵問題の一時的沈静化の後、「チェコ軍救援」のための「日米共同」出兵という形でシベリア出兵が再登場するという展開を迎えた。「独墺東漸論」に対応した「自衛」のための出兵というだけでは出兵の正当化はできなくなった。「アメリカのシベリア進出」や、これに対応した日本の対中国政策の必要性を説く出兵論が、出兵正当化の事由としてはまだしも同時代的状況との適合性を持ったものであった。また、第一次世界大戦の経過に影響されて、出兵の非侵略性、「人道主義」との関係を謳う出兵論も登場した。これに加えて、出兵論は、出兵を契機にした日本の政治体制改革論・国民精神刷新論を説いた。参謀本部は、シベリア出兵以前に問題になった「欧州出兵問題」で、出兵のメリットとして「国民精神の革新」をあげていたし、出兵遂行の場合の「国家総動員」の必要を主張していた[40]。国民に出兵を呼びかけていく人々も、出兵を梃子にして国民に対して何らかの意識改革の働きかけをしていくことを考慮していた。次は、『出兵論』以外に出された、シベリア出兵促進論を検討することで、『出兵論』にも現れていた、軍事力行使の正当化をはかる論理がいかに展開されたかを見ていくことにしたい。

3　「独墺東漸論」以外の側面からのシベリア出兵促進論

第二節の最後で述べたように、「独墺東漸論」以外の論拠を強調したシベリア出兵促進論は、日本もその一員である連合国の動向、特にアメリカの動向や、日本の対中国政策に対する議論を並行させつつ展開されることになった。そしてさらに、日本の政治経済体制の変革の主張が、シベリア出兵の実行を梃子としたものとして結び付けられていった。さらに、出兵の非侵略性を強調した側面が加えられた。このことによって、シベリア出兵論は、非侵略的な軍事力の発動を通じて、第一次世界大戦で戦場にならなかった日本が、戦後の世界情勢に適合した政治経済体制を作りあげるという主張とも連結していったのである。

アメリカの動向が日本の脅威になる、という議論は、これまで引用した史料からも散見できる。例えば先の永田鉄山の講演は、アメリカの極東における活動については聴衆の方がよく知っているはずだと述べてシベリアにおける資源問題に触れ、「それから尚ほ一言申上げて置きまするのは、沿海州地方の過激派労兵会あたりの有力者の中には亜米利加から帰化したものが沢山あると云ふことでございます」と語っていた。[41]「アメリカ」を「ドイツ」に置き換えれば、全く「独墺東漸論」そのままの議論であった。また『出兵論』でも、添田寿一が日本の対中国政策に頁を割き、さらにアメリカ新聞の社説を引用し、「日本は西より独国勢力の東漸に圧せられ東には米国を控へ、殆ど立脚の地を失ふ」と、ドイツとアメリカを同等において警戒する論調を展開していた。[42] 二月革命直後からのアメリカのロシアに対する対応に対して、アメリカの東洋進出を疑っていたのである。一九一八年七月十六日、外交調査会で「米禍ノ東漸ハ最モ怖ルヘキモノアリ」として、アメリカのシベリア出兵提議に応諾せよと主張した伊東巳代治の抱いていた対米脅威の感情は、一人伊東のみのものではなかったのである。[43]

このような対米警戒の色彩の強い出兵論として、出兵宣言直後にジャーナリスト阿部鶴之輔の著したパンフレット[44]が挙げられるであろう。このパンフレットで著者阿部は「独墺東漸論」と共に、「西比利問題と米国の態度」という章を設けて「米国政府は、西比利に於ける我が帝国の発展を阻止するの意志なきを言明し、米国自ら西比利地方に対して何等の野心なきを示せりと雖も、米国が西比利の利源に注目するに至りたるは一朝一夕の故にあらず」と書いた。さらに「日米出兵の結果として、西比利方面の秩序回復せらるる暁に至らば、米国は必ず巨大なる資本を以て経済的計画を実行し、既に其の整理を管掌する西比利鉄道に由り、西方に向て其の発展を図るや、疑を容れざる也」と記した。その上で、日本はシベリア、満蒙地域が「接壌の地域」であり、「同地方の治乱は、我が国防線の安危如何に関する最も重大なる」ことは論をまたないと続ける。加えて阿部は、「我が帝国たるものは、米国の経済的援助策と相俟て、武力的援助を与へ、独逸の東漸を制し、今日に於て露国の領土保全、其の他東邦の平和確保に必要なる立脚地を樹立せざる可からず」と強調した。(45) そして阿部は、シベリア出兵宣言を解説して、「我共同の敵国なるものは、独墺にして露国及露国人民に非ず、露国、及露国人民に対しては、隣誼友好を敦くし、我が態度を公明にして、彼の権利利益を尊重し、倶に其休戚を分たざる可からず」と書いていた。阿部はあくまで日本の敵国はドイツ・オーストリアであってロシアではないことを強調していた。(46)

その上でさらにこのパンフレットは長期戦や国家総動員のことを論じた後、結論部分で、「言ふ迄も無く、今次の西比利出兵は、帝国の大義を世界に展ぶるの義挙にして、決して軍人の戦争に非ざる也。所謂国民的戦争なるもの是れ也」とシベリア出兵を定義付けた。だからそのために、日本国民は「宜しく帝国の世界に対し、東邦に対する使命の重きを体し、上下挙て質実勤倹、堅志力行、出征軍に同情し、国民後援の任務を遂行せざる可からず。国民の生命財産、労力物資を挙て、国家の為に犠牲に供するの覚悟無かる可からず」と呼びかけた。(47) シベリア出兵を国民全体の動員と重ね合わせたことが、『出兵論』にはなかった点であった。

このような出兵論を体系化してみせたのが、以下検討する政治家長島隆二のパンフレットである。(48)「西比利亜出兵は避くべからざる運命であると観て居る」(49) 彼は以下のように、「独墺東漸論」をほとんど用いず、専ら当時の国際情勢と、新しい国際秩序のための言葉で日本のシベリア出兵を正当化してみせた。このパンフレットも、阿部の著書同様出兵開始直後に出版されたものであった。現実の政治状況でも、シベリア出兵が、実際の政策として決定されるにあたり、「自衛」という大義を喪失し、「チェコ軍救援」のための「日米共同」の出兵という全く異質なものとして決定され、出兵宣言もロシアへの内政不干渉とロシアとの友好関係維持を謳わなければならなくなっていたという事態が発生していた。

まず彼は「幸か不幸か日本は戦乱の巷より遠く離れてゐる為めに、この世界の大変局に伴ふ国家の危機を体験し苦味する能はずして、民心糜爛の極に達して居るが、実をいへば斯かる重大たる危機の危機たる所以を覚り得ざる国家国民の運命が一番危険なのである」と述べて、むしろ国内の現状に対する危機感を強調した(50)。

それだけではなく、長島は「若し独逸の軍国主義を打破することが真の目的であるならば、それに対抗して自国に軍国主義を新設するのは意味をなさない、本当に軍国主義を打破するつもりなら、如何なる方法を以てでも成るべく早きに及んで平和を恢復し、然る後に社会運動なり、経済的運動なり、又は国際的協調の手段なりにより、即ち軍国主義とは全く別な、お手のものの民主的方法でその目的を達することを企てねばならぬ。軍国主義を打破せんが為めに大陸軍、大海軍を作ることはたとひ一時その目的を達しても、それでは結局独逸の軍国主義に代る新たな軍国主義の出現を如何ともすることができない」と述べて、連合国の戦争目的すらシニックな視点で見据えてみせた(51)。ロシア十月革命が、連合国にとって戦争目的を喪失させ、「叩き落された戦争目的の仮面の下から、めいめいの利欲の姿がはっきりと顕はれて来た」とさえ言ったのである(52)。

シベリア出兵が結局はロシアへの軍事力の発動になり、ロシア国民に敵意を喚起するのではないか、という出兵慎重論に反対する文脈の中で、長島はこれまでになかった新しい論理でシベリア出兵を正当化した。まず長島は、ロシア人を敵に回すのは、「力を用ふること」によってではなく、むしろ「放任」によってなのだと述べた。そして長島は続けて「日本のサイベリア出兵に露西亜人乃至過激派政府を敵とする意味を含んでゐないことはいふまでもない、もつと進んでいへば独逸と戦ふのでもないといへるかも知れない」として、これまで言われてきた「敵はドイツであってロシアではない」という議論から脱却した。それならばシベリア出兵の目的は何か。「唯サイベリアの不安な状況、サイベリアに於ける蒼生の塗炭の苦みを見るに忍びず、その秩序を恢復し民命を安んじ、進んでは将来サイベリアの地に起り得べく予想せらるる惨禍を未然に防いで永く平和を維持しやうとするに外ならない」のである。だから長島に言わせれば、「この点について余り心配することは却って日本の公明正大なる心事と正々堂々の態度を卑しくし、暗くする危険がある」のであった。(53)

そのうえ、このパンフレットは「人道主義の見地より」と題する章を設けていた。ここで長島は、「聯合国はその標榜する人道主義の手前から是非共サイベアリ（原文ママ―井竿）住民を此飢饉の惨害より救はねばならぬ責任がある」とし、第一に食糧援助をすべきであると書いた。だが、「決して米国が希望して居るやうな単なる経済的活動のみでは到底その目的を達することは可能ない」と述べた。そのためには、地域的安定と経済的復興、人心の安定が必要であるが、「是等のことは、唯口先だけの脅威や説法では決して其実現を期待し得ない。端的武力である。今の露西亜では武力を離れては慈善をさへ行ふことはできない」と続け、人道援助を行うための軍事力派遣の必要性を説いた。そして「実にサイベリア出兵問題は国家の利己的打算をはなれて、高く人道主義の見地より論議せらるべき域に進んで来たのである」とすら結論づけてみせた。(54) このパンフレットは序文によれば出兵宣言以前に新聞に連載されたものである。長島はこの時点で既に、民間の出兵論に「人道主義的活動支援のための軍事力の発動」という論点を入れていたのである。

長島は、出兵が日本に多大な経済的負担をかけることを認めた。そのようなことをどうしてやらなければならないのか。それは「今日此際自ら進んでこの最大悲運を迎へることを躊躇しても、数年の後には必ず同一の運命が日本国を見舞ふべきことは昭々乎として瞭かである」からであった。だから「我より進んで虎穴を突き、必至の運命を開拓する為めに」今のうちに出兵をしなければならないのであった。(55) 長島は欧米諸国が第一次世界大戦の結果

「各国人心の異常なる緊張」を経験していることをあげて、「自分は我が経済界を本当に壊すものは出兵の負担にあらずして、却って出兵の負担を虞れて之に反対する人心の遊惰驕慢であらうと思ふ」と言い切ったのである。[56]

しかし、長島はなぜここまで経済的破綻を招きかねないことを敢えて実行せよというのか。それに対して長島は「我等は寧ろ進んで欧米人と同種の試練を経なければ彼等と対等に戦後の活舞台に立つことはできないのである。問題は日本の経済力が果してよく出兵に要する大軍費を支弁するだけの能力があるか否かにあるのではない、この腐敗し切った国民の精神を如何なる程度まで鼓舞緊張せしめ得るかにかかつて居る、金ではない精神である」と答えた。[57] 次の節で述べるが、実はこのような、総力戦の経験のない日本は戦後世界において脱落するのではないかという危機感は広く共有されたものだったのである。

「金ではない精神である」と言っても、長島は単なる精神論を主張しているのではなかった。彼は一章を割いて、「国家総動員」について述べ、「若しサイベリア出兵を日露戦争をやった時のやうな気でやれば必ず失敗する、寧ろこれを機会に独逸がやつたやうに、又最近英米仏等がやりつつあるやうに、先づ国民精神の動員をなし、次に国内のあらゆる物資、経済力の動員をなす道を樹てなければ世界に国を成すことはできない。苟くもこの道にして樹立せられんか、出兵がいかに大規模となり、いかに長期に亘っても、是れに要する軍費の支弁に堪へられないやうな惧れは断じてない」と記す[58]（日露戦争と同様の方法では出兵はできないと明記していることに注目されたい）。すなわち人的・物的動員をあえてかけることで、総力戦に対応しうる政治経済体制の構築を主張したのである。そして、このことは日本一国ではできないという観点から、中国との同盟関係に入ることを力説することになるのである。中国の情勢について長く論じた後、「若し支那に対する中心勢力の確立と、その中心勢力との真の意味に於ける提携ができなければ、サイベリア出兵もその実際の効果は著しく微弱とならざるを得ない」[59]というように、それは日本主導による親日政権の樹立も考慮に入れた上でなされるものであった。

長島は、以上のような出兵論、および出兵遂行に関する諸政策の提案の結論として以下のように述べていた。「之を要するに日本当局の対外諸活動は支那を基本としてそれに接続する地方に重きを置き、その地域内に於ける平和の維持、進んでは文化の開発といふことに努力する一事に帰着する。而してこれに処するには固より野心といふやうなことは露程も考へない、只人類の惨状が放任して置けば世界的に蔓延せんとする虞れあるに鑑み、帝国の実力の許す限りに於て犠牲的の努力を世界に対して為さんとするのである。サイベリアを独逸の手より救ふことは日本及東洋の自衛の為めに必要である、サイベリアに於ける人類を戦乱及飢饉の手より救ふことは人道の為めに必要である。而してこれを実現する唯一の道は急速なる日本の大規模出兵あるのみ、実にこれより外に道はないのである」[60]。ドイツからのシベリアの救援、という論拠は残存するが、これまで見たように、対中国政策、地域の安全保障、そしてシベリアへの人道援助、という問題に議論は集中され、出兵によって得られる日本の（あくまでロシアに対する）領土的利益というようなことは直接の論議からは回避されていた。それればかりか日本の長期戦、総力戦に対応しうる政治経済体制改革を、あえて大規模出兵によって日本を一時的に経済的に苦境に落としてもやるべきであるという議論を提起してみせた。「人類の惨状」や、「人道」などという言葉は、シベリア出兵問題と並行して語られていた、日本の第一次大戦への参戦目的の変更の必要性問題と関連したものと考えられる。日本は第一次世界大戦に参戦する際「日英同盟」「東洋平和の維持」という大義を掲げたが、アメリカの参戦以後登場した「世界の平和」「軍国主義打破」などの大義とのすり合わせが必要ではないかという議論が登場したのである[61]。

参謀本部の編集した戦史である『西伯利出兵史』はこの時期の民心について「国民ノ内部ニ於テモ世界大戦開始以来経済的発展ノ恩恵ニ溺惑シ出兵ヲ喜ハサルモノアリキ」[62]と、出兵問題で実質的に戦争にコミットすることに拒否反応を示す傾向が存在していたことを記録している。加えて、前述したように、「軍国主義打破」という言葉が社会的にも広がっていた。「軍国主義」はマイナスイメージを持つ言葉としても使われはじめたのである。そうなると出兵論はこれまで日本が経験してきた戦争とは異なる方法で民心喚起を図らなければならなかった。論点が時に対独戦争という問題をはずれてくることさえあるのは、その一点もあるであろう。とはいえ出兵促進論の社会的な伝播の手段は広かった。繰り返すようであるが『出兵論』は、もともと談話、学術雑誌・一般雑誌への寄稿、講演などという多彩な手段をもって展開された出兵促進論を活字化したものである。しかも、出兵論はかなりのバリエーションをもったものであった。シベリア出兵論は、「独墺東漸論」のみならず、ロシア救援論や、連合国への貢献論、中国政策との関連論など、出兵論はさまざまな正当化の論拠を持ち始めていたのである。確かに、連合国への貢献論には、既に一九一七年の時点で海軍の中に「事実是れだけの事（地中海、インド洋、アメリカ沿岸への艦隊派遣のこと―井竿）をやって置きながら、世界より日本は袖手傍観す、日本人は唯営利に汲汲たる汚穢の国民なりなど評され、之を聞く日本人は尤もだと思ふ様な誤解に陥つて居ると云ふ事は日本の非常なる損だらうと思ふのでありまず、犠牲を払はんければ効果はない、尽力した様に思はないと云ふやうな誤解は英吉利の主力艦隊を考へれば直に分ることと思ひまして一言此事を弁じたいと思ひます」という批判[63]があった。とはいえ、吉野作造が出兵論を批判する際に、それぞれのバリエーションを丹念に批判した[64]のは、それなりに切実な必要性があったからである。

しかしなにゆえに出兵促進論者は、多種多様な論理的手管を用い、時に日本の経済的な地位の一時的な崩壊まで容認してまで大規模な出兵を主張したのか。これが問題になる。危機的状況を転機にせよというほどの出兵論の切迫した論理の根底にあるものは何かを明らかにする必要があるからである。本書では次に、シベリア出兵論が登場してきた時代的背景について考察していきたい。

4　出兵論登場の背景

出兵促進論者は、なぜ出兵を言うか。それはやはり『出兵論』で寺尾亨が語り、長島隆二がパンフレットで強調する、日本の現状への危機感であったと考えられる。

実は、日本の現状に対する危機感はロシア革命以前から語られていたことであった。徳富蘇峰は一九一六年に出版した著書『大正の青年と帝国の前途』[65]で、現状を「帝国の大危機」と呼び、以下のように批判していた。「惟ふに日本全国を見渡すに、我か周圍は、世界的大戦争に従事し、生死岩頭の苦痛を、満喫しつつあるに拘らす。我か国民のみは、頼ひに戦場の中心より遠さかりつつある為めに、恰も国民的放心期、国民的甘睡期に入りつつあるものに似たり。彼等は実力乏しくして、己惚れのみ多く、勉強少くして、欲心のみ旺也。彼等は世界に第三者あるを打忘れ、唯た自分天狗の独りよがりを、恣にしつつあり。若し此儘にして経過せん乎、世界大戦争の終結に到りて、其の禍を被る者は、此の油断国民を以て、最とせさる可らす。吾人は実に之を思ひ、之を思うて、憂憤に勝へさる也」。つまりほとんど戦争を体験せず、戦時景気に酔っている日本国民には、大戦終結後になって政治的経済的破綻が来る可能性がある、と言っていたのである。しかも彼がこの著書で呼びかけた日本の新世代は、もはや幕末はおろか、日清戦争さえ記憶としては共有しない世代になりつつあった。蘇峰がこの著書で幕末以来の対外的危機についての歴史的経緯を叙述した後、現状に対する不満を述べるというスタイルを取るには必然性があった。このような第一次世界大戦参加国としての日本の現状に対する危機感の系譜が、シベリア出兵問題という現実の政治課題に対して噴出したのである。それは、『出兵論』の中で、添田寿一が「幸いなる哉今や独国勢力の東漸が帝国国民の覚醒を促すあり」と記した[66]ことにも端的に現れているであろう。

ただ、日本が政治的・経済的に、総力戦体制の樹立というのみならず、大戦後を見越した方針が存在しないのではないかということに関しては、出兵に批判的な者の中にも自覚があった。出兵慎重論者として知られる原敬は、一九一七年秋、政友会の集会で演説して、「戦後の経営は実に戦争以上なりと言はざるべからず」[67]と述べていた。また、別の演説では「目下の日本は戦場より遠ざかって居る、欧洲戦争の事は何処かの事を聞くやうに国民は最早や耳にも慣れ何等意に介せざる風あるは戦争の永引きたる為めであらう、而して戦争の為に一方には国内に利益を収むる者が沢山出て居る、彼の成金と称する者が続出して居る、正貨はドシドシ入って来る、国民の懐具合が好くなる、経済界は潤ふて居る、是れでは国民が戦争を対岸の火災視し、戦争を忘るるは当然である」と言った。さらに「我国民は動もすれば戦争を忘れ、戦争を対岸の火災視して居るから其の注意を怠り、一朝何等かの問題に遭遇すると寝耳に水の様な狼狽方をする観があるは甚だ以て浅慮千万な事と謂はねばならぬ」と語って、国民に対して、日本が戦争当事国であることを忘却していることを警告した。[68]そして、ロシア革命などの激動の中で原は「吾人の測知し得べき限りに於ては戦後必ずや世界の国力競争益々激甚を加ふるに至るは疑なきを以て我が国も今日より予め覚悟を為し戦後経営の上に最も意を注がざるべからず[69]」、つまり世界的な経済的競争が起こることに対する対処策が必要であることを述べていたのである。原と出兵論者は打開策こそ大きく異なるが、大戦後の日本が、経済的な国力や、国際政治上の立場などの面で落伍するかもしれないという危機感を、両者等しく持っていたのである。

そして原は、この点では出兵論者と同様に、日中関係を改善することに打開策を求めた。彼が一九一八年元旦の新聞に寄稿した文章では、大戦の進行で世界経済の情勢が「自給自足」の必要性に向かったことを記しつつ、「之に就て吾などの最も痛切に（一字不明）するは日支親善てふことなり、日支親善てふことは対支外交を説くもの何人も口にする所にして言甚だ陳腐なる如く而も此事最も必要なり、即ち鉄の自給に就ても其原料は支那に仰がざる可からず、棉花羊毛其他の自給に就ても無尽の富源を有する支那に其基礎を置かざる可らざるもの多くして日支親善の実挙るに非ざれば到底其目的を達す可らず。即ち自給自足の政策を確立する上に於て最も必要なり」と、中国との提携関係による資源獲得を説いていたのである。(70)寺内内閣において、対中国政策遂行に大きな影響力を持っていた西原亀三が、一九一七年十二月に「未曾有ノ国難」を打破するための「転禍為福ノ一大鉄案」として寺内首相に提出した意見書「時言」(71)は、以上のような政策を遂行するためにシベリア鉄道の軍事占領が必要かどうかというだけの相違点しか存在しなかった。

しかしながら、宮地正人氏のいう「これまで日本人が強くいだいていた世界体制意識のドラスティックな全面崩壊」(72)への対応において、出兵論者と原のような新時代に順応しうる政治家とは根本的に異なっていた。新しい国際秩序の覇者となりつつあるアメリカに対して一定の協調姿勢を示すことができ、旧来の領土拡張的な帝国主義路線からの転換を抵抗なくなしうるかどうかが、出兵問題に対する最終的な、そして決定的な差になったのである。そしてそのことこそが、皮肉なことに原をして「日米共同」形式のシベリア出兵に踏み切らせてしまったのである。

さらにここで明記しておかなければならないのは、シベリア出兵を批判する者も、軍事干渉という行為自体を批判するということは行っていなかったことである。出兵論批判を展開した吉野作造も、出兵に「合理的根拠」がないから反対したにすぎないと読みうることを指摘したのは菊地昌典氏であった。(73)また、原暉之氏がその著書『シベリア出兵』でとりあげた出兵論者泉哲は、義和団戦争や、ウィルソン政権が行ったメキシコ革命への干渉を例に挙げて、「武力干渉の例証は極めて夥しく殆んど国際間の一慣習となり来つた点から見れば、国際法上干渉権なるものを認めて差支へないと思ふ。故に我が国が干渉の目的を以て西比利亜に出兵する事は何等の不都合を有せざる事と思ふ」と書いた。(74)これに対して国際法学者立作太郎は、外国の学説を批判する形で全面的に異議を唱える論文を執筆したが、この論文には次のような一言が付け加えられていた。すなわち、「此種の干渉を断行するにつき最も注意せざるべからざるは、干渉の成効を致し、干渉の目的を達する為めに必要とする人、組織、資源及外交上の地位如何の諸点である」というものであった。[75] 政治的判断により国際法が蹂躪された場合の問題について触れたために、結果的に干渉に部分的ではあれ承認を与えていたのである。

このような、他国への軍事干渉は場合によっては許されるというような議論は、『大阪朝日新聞』のような、これまで出兵に批判的といわれてきたメディアで展開されることもあった。同紙は寺内内閣の対外政策（特に対中国政策）を批判した社説で「国家集団主義」の時代が現在到来しつつあるという前提の下に「各国家は其の法理上の絶対主権を以て、無拘束に存在し得といふ観念は、空虚の理論と化し、事実に於て、世界は、各国家の相互扶助の下に、社会的集団を為すべきものなる事、個人の場合に異らずといふ現実の状態」が国際政治上に登場していると論じた。そしてこの「国家集団主義」の国際秩序のもとでは、「一国家の超人的権威を以て他国家に干渉することを絶対に拒む」反面、「世界人類の共同目的」のためならば内政干渉は許されるという主張を展開したことがあった。[76] シベリア出兵問題では、同紙は「シベリア出兵を軍人である寺内正毅率いる内閣が実行しようとしていること」に批判の焦点を合わせていた。シベリアに軍事介入することそのものを批判しているわけでは必ずしもなかった。だから、アメリカが一九一八年七月に対日出兵提議をしてきたことに関して、同紙は社説で「いよいよ出兵するとせば、日本は堂々と其の趣意を宣明し何国も異論なく、世界人道の上に立ちて大義の師を起すの確証を示さざるべからず。従つて世界猜疑の因となるが如き政治家を出兵に先ちて処置せざるべからず」と書いた。[77] そして、「チェコ軍救援」の大義がアメリカから出されてしまうと、「斯る出兵（ウラジオストックへの出兵―井竿）も実は無用なりと信じ、殊に烏港以外への出兵の如き、危険の伏在を見るも、ただ日英同盟、日米親善の関係上、已み難きものありとせば、チェック援助に局限する出兵は、容認せん」と主張し、出兵の突破口を開くことを容認した[78]。現実に出兵宣言に接したときには、同紙は宣言文の内容が日米協調か対連合国協調なのかが不明である点と、ロシアへの内政不干渉宣言と寺内首相の説明が食い違っていることが日米関係を損なうことについてしか批判できなかった[79]。むしろこの点については、前述の出兵論者泉哲が、シベリア出兵宣言に関する論文で「チェック軍救援の目的を達する為に一時は西比利亜全部をチェック軍及連合軍の支配下に置くの必要がある」し、シベリアのロシア人住民が反革命派政権に対して支持を与えているとは断言できないために「此の際チェック軍救援に其の名を藉るは最も時宜に適した処置と云はねばならぬ」と明確に言い切っていたことの方に注目すべきである[80]。アメリカの対シベリア援助政策を高く評価した[81]『大阪朝日新聞』は、この後寺内内閣が発足させた「臨時西比利亜経済援助委員会」の発会式で、後藤新平外相が日本の出兵を「新しき救世軍」と呼んだことを、「世人は之を只男の例の思ひつきの言葉とか解しない」し、「内国をすら救へない者が、果して能く外国を救ひ得るか」と一定の留保を付しながらも、「行るならば徹頭徹尾その積りで行らなければならぬ事勿論である」と評価していたのである[82]。

以上、シベリア出兵論はいかなる議論の系譜の上にあるものなのかについて論じた。シベリア出兵論はこれまでの単なる対外強硬派の議論とは異なり、第一次世界大戦の進展に伴い進行しつつある既存の国際秩序の転換に対する危機感を伴ったものであり、それは出兵を批判するものにとっても共通する現状認識の下に成立したものであった。また、シベリア出兵論は日本の国益、特に領土的利益(ただしあくまでロシアの領土に対してであった。中国権益は「自衛」の範囲内であった)といった従来型の帝国主義的要求を回避した形で展開しなければならなくなった。それは当初出兵論が掲げた論拠としての「独墺東漸論」が、「さながら幽霊相手の出兵と異なる所がない[83]」とまで批判されるような、根拠の薄弱な陰謀論にすぎないことが明らかになってきたからでもあるが、それだけではなかった。一面でアメリカのシベリア進出の脅威を叫び、親日政権樹立までをも含む徹底した中国政策とリンクさせながら、「人道主義」「ロシア救援」などの言葉を連ねて、さらにロシアへの領土的野心を自ら否認するということによってしか、日本の軍事力発動は可能にならないという現実認識が存在していたのである。出兵を批判し、ウィルソンの十四ヵ条に見るような国際秩序を歓迎する主張との共通点さえ見いだしながら、シベリア出兵論は打ち出されていくことになったのである。

ただ、このような出兵論を冷ややかに見る視点もあった。出兵直後の一九一八年十月、のちに国家主義運動家となる三井甲之は、シベリア出兵を「新十字軍」と呼ぶ一篇の論文を発表した。[84] きわめて難解な文章の中に、三井は次のような言葉を挟んでいた。三井の真意とは異なっているかもしれないが、現実の結果はまさにそうなった。

「日本の新十字軍が救はうとする聖地は、実際には単なる「概念」である。その概念は国際言論戦の標語の一つである。しかしながら人間行為の目的は分化する。思はぬ結果がやがて吾らの眼の前に現はるるであらう。」

時代は下ってシベリア出兵後期、日本軍が進退きわまる時期になってからは、出兵論者の展開した主張は以下のように批判された。[85]

「軍閥が時代の推移と没交渉なのは今更言ふ迄もないが、彼等の頭脳は余に単純であり、彼等の考へは驚く程一本調子である、彼等出兵を熱望して已まなかつたのも、畢竟西伯利を火事場と心得た点に出発し又利害の密接な現今の国際関係を無視したのに基因して居る、忌憚なく言へば彼等は世界に唯日本と露国とが相対峙して居るかの如き考へを以て、一切の事件が単に対手国間の交渉だけで意のままに解決の着くものと鵜呑にして掛つたのである其所で彼等は外、英仏両国の慫慂を奇貨として之に相槌を打ち、内出兵反対者を非国民呼はりし乍ら、英仏に対する関係と国防自衛の必要とを力説し極力出兵熱を煽ったが、国内の案外冷静なのを看て、更らに独禍東漸及び過激思想侵入のプロパガンダを試みた、即ち哈爾賓を中心として偽電虚報を連発し、現状に放任せば過激派及び独墺俘虜は相提携して遠からず、北満及び朝鮮国境に迫るのであらうと伝へ、一方セミヨノフを傀儡として満洲里附近の危機を過大に流布し、我居留民の生命財産は既に過激派及独墺俘虜の手に委せられたやうに吹聴したのである。加之別にホルワット政府に対しても物質的援助を与へて有産階級露民を薬籠中の物とし、我国の出兵は一般露人の希望であるから、此際出兵せば西伯利の露国人は箪食壷漿して迎へるであらうと吹立てた、併し国民も容易に其手に乗らず政府も亦米国の態度に懸念して出兵に同意しなかつた、其処で軍閥が最後の知恵を絞つた方策が斯うだ。

我国は大戦参加以来何れ程の貢献をしたか、青島を攻陥し東洋及南洋の海上に於て対独作戦に参加しては居るが、之を英仏伊諸国の努力に比すれば九牛の一毛に過ぎぬ、是れでは我国の代表者が将来平和会議に参列し得るや否やさへ疑問であつて幸に参列し得たとするも恐らく発言権を与へられまい、果して然らば発言権を確保する手段としても、此際英仏の慫慂に従ひ断然出兵するのが得策ではないか。」

本節の中で展開してきた各出兵論者の論調も、結果を知っている者の視点から見た場合は、こういう結論になるだろう。だがシベリア出兵問題で展開された出兵促進論は、帝国主義国家が対外進出を軍事的・経済的に公然となしえた時代には考えられない主張でもあった。『出兵論』の執筆者の大半が加わっていた日露戦争の「開戦七博士」

が、戦争行為は国際法上の手続的正当性しか問えないとする「無差別戦争観」に基づく「自衛権」の解釈等で開戦の正当性を主張したり、満州権益の要求を前面に出したりしていた[86]のとは明らかに異なっていた。それは、この時点で日本政府がロシアの新政府に対して承認を与えていないが、明確な敵国でもない、という態度を取っていたこととも関係していた。少なくとも「敵国はドイツであってロシアではない」という建前で立論せざるを得なかったのである。「独墺東漸論」は、そのための根拠として機能していた。のみならず、ロシアへの軍事力の発動の理由として「ロシアへの救援」「人道主義」「領土的野心はない」などの言葉がちりばめられ、日本のシベリアへの派兵が、いかに非軍事的・非侵略的なものかが強調されていったのである。それは単に「独墺東漸論」の薄弱さにだけ負うのではなく、一部からとはいえ現時点で遂行している戦争目的への疑義が出るという未曾有の事態に立ち至った日本の同時代的状況とも関連したものであった。

そしてまた、出兵論者と出兵批判者の間には、「シベリアに対する軍事力行使の必要性の有無」という一点以外、ほとんど時代認識や解決策への相違はなかったことも注目されるべきであろう。第一次世界大戦後の日本が国際社会で生き残るための現状打破へ向けた対中国政策の遂行や、政治経済体制の刷新に異論はなかった。問題はそのための契機として現実に軍事動員をかけて緊張状態を作り出す必要があるかどうかだったのである。だから経済援助を通じたシベリア進出策の可能性が言われると、この点では出兵批判者にも肯定する者が出たのである。

以上のようなシベリア出兵論の破綻と、出兵反対論の再登場に関しては、今後改めて考察する必要がある。出兵後の時代は、「独墺東漸論」でボリシェヴィキを説明できた時代とは異なり、ボリシェヴィキ政権は明確な「敵」となった。しかもそれは単に軍事的な敵対者ではなく、軍事衝突がおさまっても、恒常的に日本にとってイデオロギー上の敵となるという認識が確立した時代である。このような時代の中で、出兵反対とボリシェヴィキ政権の国際的承認が叫ばれた背景は、本書の射程外にある。

二　シベリア出兵の発動の光景

シベリア出兵論のかまびすしい中、一九一八年八月二日に日本政府の名前で出兵宣言が発せられた。シベリア出兵は実行段階に突入したのである。本節では、まず最初にシベリア出兵に動員された、第十二師団に光をあてて、初期シベリア出兵の発動と遂行の光景を明らかにしたい。

この十二師団の発動の光景については、新藤東洋男氏の研究が存在する。(87) 新藤氏の研究は、当時の関係者の聞き書き(新藤氏が研究を書き上げた時代は、シベリア出兵の生存者にかろうじて聞き書きができた最後の時期である)などをもとに、福岡とシベリアを結ぶ研究として結実したものである。本節は、新藤氏の研究をベースにし、新たに当時の新聞や憲兵の報告を用いる。それぞれの史料は、史料作成者のバイアスがかかった見方であることはあらかじめお断りしておかなければならない。だが、史料作成者以外に、その時代の、特に動員された兵士の声を伝えてくれるものは非常に少ない以上、憲兵報告や、新聞の記事のはしばしに現れる同時代人の声を拾うことは重要な作業であると筆者は考えている。そしてこの作業は、これから先長期にわたったシベリア出兵が、時期、そして動員された地域ごとにどのような様相を見せたかということを推し量る一つの材料として重要な意味を持っていると考える。シベリア出兵が最初に発動された福岡と名古屋、そして次に発動された広島・山口などでは、おそらく発動の様相も、人々がシベリア出兵に見せている態度も異なっていることが予想されるのである。

次に、ここで扱う地域を概観しておかなければならない。ここで扱うのは第十二師団である。第十二師団は、この当時は小倉に司令部が存在した。師団の管区は福岡県・大分県、また熊本県の一部も含まれていた。この師団の管轄下にあった連隊には、山口県の下関市に存在したものもあった(そのため、山口県では、まず下関の部隊が十二師団の一員として出兵し、十二師団帰還後の一九一九年、現在の山口市にあった連隊が第五師団の一員として出征していった)。主要な地域としては、小倉と福岡という二大都市であった。主としてこの両都市にあった連隊から出兵していったのである。

福岡県は当時、対馬海峡に面していたため、ロシア革命の影響をかなり早く知ることができた土地であると考えられる。下関や門司といった国際的な港に上陸した旅行客から得た情報を「帰国談」というタイトルですばやく掲載している。本節で利用する新聞記事にも、この「帰国談」が使われていることもある。

この福岡県で一番発行部数が多かったと考えられる新聞、それが『福岡日日新聞』であった。政友会系の新聞で、ライバル紙は憲政会(本来的には玄洋社)系の『九州日報』であった。ここでは主に『福岡日日新聞』を用いながら、福岡の光景を再現してみたいと考えている。『福岡日日新聞』の方が、より多く保存されているという事情もある。

『福岡日日新聞』でも、ロシア革命の報道は当然なされていた。しかしそれはきわめて新政権に冷淡なものであった。ボリシェヴィキ政権は残虐である、という写真[88]や、ケレンスキー政権の官僚がボリシェヴィキ政権に服従しない[89]などの記事が掲載されていた。社会主義政権は暴虐ででたらめな政治を行う、といったニュアンスの記事が散見される。このような新聞報道は、全面的ではないにせよ、人々の精神の内面を支配し、あるいは逆に反映していた可能性がある。メンシェヴィキなど反革命派を「穏和派」、ボリシェヴィキを「過激派」と訳して紹介した、当時の日本の精神性は、まさにこのようなはしばしに現れていると考えられる。

しかも、革命がもたらす混乱を、九州住民の一部は新聞報道だけでなく現実の光景として見ることができた。それを推察させる記事もある。当時、ロシアの「義勇艦隊」が九州にも寄港していた。一九一八年の三月に、義勇艦隊内で反乱が発生し、ボリシェヴィキの船員が全員解雇されて長崎で下船させられるという事件が発生した。この時に船を下ろされたボリシェヴィキ支持といわれる船員の様子を「其様は全くゴルキーのドン底に現はるる人物に似て」いたと記している。(90) その他にも、亡命を拒絶されて「国へ帰れば殺さるるより外なき目下の境遇なれば是非共神戸迄の東上を許されたし」と命乞いをする白系ロシア人の軍人の姿(91)が、新聞には見られる。このような報道で見られる光景が、シベリア出兵に向かおうとしている人々の心理にある程度のロシアに対する予断を持たせていたことは考えられることである。後によく見られる、貧しい者が率いるボリシェヴィキが暴虐な政治を行い、それによってロシアが混乱して悲惨になる、というイメージが作られていったことは十分に考えられる。

一九一八年七月になると、シベリアでのボリシェヴィキとチェコ軍の対決などが報道され始めた。一九一八年七月には、ウラジオストックで、チェコ軍が市の行政機関を武力で占拠するという事件が発生した。『福岡日日新聞』は、門司に上陸した「帰国談」を掲げている。(92) また、アメリカの対日出兵提議が発表された直後から、同紙は日米共同出兵に批判的な社説を掲げた。一九一八年七月十五日の社説では「此れ以上無意義にして却って有害無益なる形式的共同出兵の如きは、吾人の与せざる所なり」と書いた。(93) さらに二日後には、「吾帝国の進退共に自主的ならんこと是なり、丈夫児ならんこと是れなり」と訴えて、「自主的出兵」を強調する姿勢を見せた。(94)『福岡日日新聞』は政友会系であるといわれている。そして、政友会は当時、出兵には比較的慎重であると考えられていた。だが、地方レベルでは、出兵に「自主性」を求める議論がこの時点でも存在していたのである。

このような中で、新聞報道の中に、出兵前夜の人々が現れ始めた。まだこの時点では、どこの連隊が出兵に動員されるかは正式に発表されていなかった。しかし、家族が入営している人々は、一九一八年七月十六日に、外交調査会が出兵決定をしたという知らせの後から、続々と面会に押し寄せた。福岡では「噂の噂は地方各方面に伝播し一昨日（七月十八日―井竿）あたりから面会人の数は次第に増加し来り昨日は午前から午後に掛営門の内外は老若男女の面会人蝟集し素晴らしい光景を呈して居る」という光景が展開された。[95] 小倉の北方にあった、四十七連隊に向けても、一斉に人々が動き始めた。「小倉の町は面会人の群れでゴッタ返してある軍人の眼が比較的落ち着いて居るに反して地方人は血眼である一生懸命である、小倉から北方に通ふ馬鉄が一として満員ならざるはない」という憲政会系新聞『九州日報』の記事は、小倉から北方へ向かう馬鉄が、定員一七人のところに四七人も乗せて走った上、それでも足りないために出した定員六人の乗合自動車が一四人もの乗客を抱えたなどという情景を伝えている。[96] 兵士の側の動きは郵便局から伝わった。「露西亜に行く金送れ」「父面会に来い至急」「急用あり来れ」などの電報が大量に打たれた。さらに、出征用に郵便貯金が引き出された。[97] 出兵の正式宣言以前に、すでに「ロシアへ行くから」などという言葉がこのような形で伝わっていたのである。あまりの殺到ぶりに、十二師団の松山良朔参謀長は、「昨今は各隊共現役兵の面会人が殺到し尠なからぬ繁忙を極めて居るが十九日には一層面会人が増加し今朝の如きは朝の四時頃から叩き起されて皆弱り切って居る」と記者に不満を述べた。[98] このような中で、七月二十六日夜に下関駅で、国外へ積み出されていた軍事用の火薬が爆発し、一〇〇人以上の死者が出るという事件が発生した。この火薬の行き先がどこであったかは、当時報道されなかった。[99] このようなことが、いよいよ社会的に「出兵近し」の感情を呼び起こした可能性が高い。もちろん、陸軍内部では、すでに出兵の準備はできていた。後に自身も浦潮派遣軍総司令官となる大井成元は、「大正七年七月十四日赴任ノ途中東京ニ於テ陸軍中央部ヨリ第十二師団ノ西伯利派遣及之ニ関連シ西伯利出兵ニ関スル従来ノ経過、露国ノ現況、派遣兵力、編成ノ大要及輸送順序ニ関スル内示ヲ受ケ」ていた。[100] もちろん一般市民はそのようなことを知っていたはずはない。だが、いろいろなルートから、家族がシベリア出兵に動員される可能性はすでに知っていたのである。

シベリア出兵の公式の大義であった「チェコ軍救援」についても、新聞では報道や解説がなされた。前述したように、「チェコ軍救援」の大義の説明は、枢密院での審議ですら通らなかった。その上、当然のことながら、チェコスロヴァキアなどという国家は誰も知らなかった。そこで、『福岡日日新聞』では、当時久留米俘虜収容所所長だった林銑十郎や、匿名の執筆者(おそらくは軍人)による、チェコ軍などについての解説記事が掲載された。[101]とはいえ、「チェコ軍救援」の大義を、新聞が受け入れていたわけではなかった。同紙は七月三十日の社説で、「知る可し米国の目的はチェック族の救援にあらずして、西伯利亜に在り」と書いた。[102]アメリカとの「共同出兵」を、人々は帝国主義国家同士の角逐の一形態と受け取っていたのである。

そしてついに、一九一八年八月二日の出兵宣言を迎え、公式に十二師団は動き始めた。しかし、十二師団はスムーズに動いたわけではなかった。『西伯利出兵史』の中では、七月中旬にはすでに出兵の内達を受けていたことが記されている。だが、一部計画の変更などがあった(臨時の編成ではなく、戦時同様の動員で出兵するということ)。そのため、十二師団は「爾後着々準備ニ従ヒタルモ具体的ノ規定ヲ受領セサルカ為細部ニ亙ル準備十分ナラサルニ八月二日動員令ヲ受領セリ」という状況であった。[103]その上、人員の不足、十分な情報把握をしなかったための混乱がかなり生じていた。「補充隊人員ニシテ其素質年次等甚シク不良ナリシモノ」や、召集が過剰になったり不足したりした、あるいは「何レノ部隊ニ何日入隊スヘキヤヲ知ラスシテ随時召集令状ヲ有セスシテ応召シタルモノ」まで存在していた。[104]このような事例として、以下のような事件が記録されている。現在の福岡県田川市にあたる地域では、二人の医師に陸軍から雇用命令が発せられた。そのため、医師は自分の抱えていた患者を他の医師に委託するため奔走した。ところが、医師への雇用命令は取り消されてしまった。[105]このような混乱をはらみながらも、第十二師団には続々と兵士が集まってきた。
出兵に直面した人々は、さまざまな対応を見せた。ある者は家族が止めるのを振りきって、四〇度の高熱の中召集に応じ、召集事務所で死亡した。ある者は、病気が見つかって召集を解除され即日帰郷を命じられたが「郷党ニ対シ面目ナシトテ入隊ヲ嘆願」した。召集されたもののシベリアへの派遣部隊に入れないことを知ったものが自殺を図ったなどという極端な事件も発生した。このような、召集を名誉と感じ、「シベリア出兵に行けない」ということを何としてでも避けようとする人の存在が一方であった。
しかし反面で、召集を苦にする人もあった。それはさまざまな理由からであった。「宿営中身体虚弱ノ為メ軍隊生活ヲ厭ヒ離隊自殺セントシタルモ」自首して出た者があった。「無帯剣ニテ脱営逃走シタルヲ所在捜査中ナルモ未タ発見セス」という炭坑夫(「本人ハ性狡猾」と書かれている)がいた。[106] 以上のような、軍隊生活そのものに対する忌避感情や不安感とは異なり、自身が軍隊に入ってしまうことで家族が困窮することを心配しているものが存在していた。憲兵報告にも「家庭貧困等ノ為メ入隊ヲ窃ニ憂慮スルモノ若干アリ」という一文が存在していた。[107] 軍隊にとって、「後顧の憂い」があることは、戦力の低下にもつながりかねない事態であった。第十二師団の松山参謀長は、夫が出征するというショックで妻が急死したという事例などを引き合いに出して、「今松山が暫しの別れを告げるに臨み諸君にお願ひして隣保相憐むの情を以て救済の道を講じて貰ひたい」と記者会見で述べなくてはならなかった。[108] この年に「軍事救護法」が成立し、召集された兵士の家族に対する公的なケアが行われることになったが、十分なものではありえなかった。[109] 米騒動をはさみ、この兵士の家族に対する社会的なバックアップは、重要な問題として残りつづけることになった。[110]
そして召集された兵士たちに関するもう一つの問題は、規律が乱れていることが挙げられていた。日露戦後から、実は軍隊の上下を問わず、かなり規律が弛緩していることがすでに問題視されていたことは明らかになっている。[111]さらに、予備・後備役の兵士を動員したことも、この傾向に拍車をかけたものと考えられる。「上官ヲ目撃シナカラ故ラニ知ラサル風ヲ装ヒ敬礼ヲ行ハサルモノ」や、「宿営中上衣ヲ脱シ下駄ヲ穿チ屋外ニ出テ或ハ宿舎ニ於テ酩酊放歌スルモノ少数アリ又夜間私服着用妓楼ニ登リタルモノ約二百名アリ」などという例が報告されている。[112]米騒動後に動員された第三師団の兵士に至っては、乗船する広島で「上官ダトテ何処ノ馬ノ骨トモ牛ノ骨トモ分ラナイモノニ敬礼シテヤルカト放言セルモノ」さえ現れた。[113]このような兵士たちを擁しつつ、シベリアへと日本軍は向かったのである。

シベリア出兵の大義である「チェコ軍救援」や「ロシアの救援」というものに対しては、福岡ではどうしても理解しがたいという感情が存在した。『福岡日日新聞』は、出兵宣言を解説する社説を掲げた。この社説は、これまで国内に流布されてきた出兵論と異なる三つの点を指摘していた。まずは、「聯合與国は必らずしも過激派を敵とせざる一事なり」ということである。前述したように、同紙も、ボリシェヴィキに対する敵対的な視線でロシアを見ていた。また、ボリシェヴィキ政権は「独墺東漸」の証拠であるという議論も存在していた。そこから考えると、ボリシェヴィキ政権は敵でなければならなかった。だが、ボリシェヴィキ政権は敵とは名指しされなかったのである。そして第二にはロシアへの不干渉主義があげられていた。そして第三に注目すべき点として、「今回の出兵は帝国の自衛上にあらずして、全く同盟たり、与国たる厚誼に基づくとせる点に在り、是れ露国民の反感を避けんが為や否やは知らざる所なれども、従来吾国内に存せし出兵論の根柢を覆へしたるものにして、甚だ異様に感ぜらるる所なり」と書いていた。出兵宣言は出兵論の根底を覆すものである、とまで言うほど、当時としては困惑すべき議論であった。軍事力を行使しながら、「自衛」でもなく、ボリシェヴィキと戦うわけでもないという出兵が、いったい何のためのものなのか、これでは明確ではなかった。[114]

これは、兵士に対して出兵の目的を説明する軍人にとっても同じであった。まず一九一八年八月五日付で、大島陸軍大臣の名前で訓示が出されている。[115] そこでは、連合国と「協同策応スルノ主義」によって、チェコ軍救援のために極東ロシアに兵を出すことが書かれていた。さらにこの訓示では、「我軍出動ノ目的ハ独逸ノ勢力ヲ駆逐シテ「チエック、スローヴァック」軍東進ノ阻害ヲ除クニ在ルモ従テ自ラ露国ノ再造露軍ノ復興ニ貢献スル所アルハ亦疑フヘカラス我軍今回ノ行動ハ終始義ニ仗テ動クモノナリ」という言葉が続いていた。チェコ軍救援は、ロシアの復興にもなるのだ、という説明がなされたのである。

これを受けた形で、大井成元十二師団長の訓示が発せられた。[116] ここでは、まずチェコ軍がドイツ・オーストリアの勢力に迫害されているので、「我師団ヲ派遣シ聯合與国軍ト協同シ「チェック、スロワック」軍ヲ救援シテ沿海州ニ於ケル独、墺両国及之ニ加担スル勢力ヲ排除シ且該地方ノ治安維持ニ任セシメラル」と自らの目的を説明した。そのあと、具体的な訓示として、軍紀の保持を求めた。大井は、日本軍は「良民ノ最モ信頼スル保護者」でなければならないと述べた。「彼ノ徒ニ戦争気分ニ捉ハレ軽挙粗暴ノ行動ヲ為スモノ」は、出兵目的に反し、連合軍に対して日本軍の威信を失墜する、と言うのである。戦争気分にとらわれてはならない、というところに、この軍事力の行使が戦争ではない、ということへの配慮が見られる。第三師団の大庭二郎師団長に至っては「行動ノ初ニ当リテ踏ム所ノ地ハ敵国ニアラス接スル所ノ民ハ敵国ノ民ニ非ス」とすら述べた。[117] ただし、大井はこの訓示で、「錯綜セル思想界ノ影響ヲ被ラサルヲ要ス」と付け加えた。思想的影響を受けてはならない、という言い方で、公式見解では述べられなかった、ボリシェヴィキに対する敵対をのぞかせたのである。この後シベリア出兵はなし崩し的に「対ボリシェヴィキ戦争」ということになってしまうが、これは当初から予期されていたことであった。

また、十二師団の幹部は、公式見解と異なる意見を次々に新聞に語っていた。山田四郎第十二旅団長は、「自分等の立場から云へば此の際出兵した方が宜からうと思ふ、沈滞せる士気を根柢から震起する事が出来るのであるから」と語った[118]。山田旅団長は後に、シベリアで「村落焼棄」、つまりボリシェヴィキに協力した村を焼き払うという作戦を行った。下関の横山彦六重砲兵第二旅団長は、門司市で出ていた新聞『門司新報』のインタビューで「国家のためには不祥かも知らぬが吾々軍人としては（大規模出兵を―井竿）見たいね」と語った。さらに付け加えて「初めから大袈裟に沢山出さなくても漸次数を増していくも好からう凡て物事は楔の如うなもので先は細いが次第に太くなつて最後に其効が顕はれるのだから軍隊の出征も亦丁度そんな風な処もあるから今から楽しんで居る様な訳サ」となし崩し的な大量出兵を示唆する発言をやっている[119]。そもそも、軍人たちは、このときに実行された「日米共同出兵」という形態に不信感を抱いていた。列車の中で将校たちは「今回も亦た北清事変の時の覆轍を踏みはしないか」と語っていた。北清事変、即ち義和団事件で、「矢玉の的には我日本兵が立って愈占領といふ時は外国兵にして遣られた」という記憶があったのである[120]。まさに共同出兵、しかも日本軍が最大兵力を出しながら司令官を出すことができなかったという、帝国主義の観点から言えば極めて苦い経験がこのような発言をさせていた。現実に、この後もシベリア出兵では、日米間が相互の隙をうかがうような行動を繰り広げていくことになる。

そして兵士のレベルでは、出兵は戦争にほかならなかった。一九一八年八月十日、歩兵七十二連隊長田所成恭は、「最早一身一家ノ私事ヲ顧ミルノ時ニ非ラス須ク軍旗ノ下ニ団結《ママ》一身同体トナリ主上信倚ニ副ヒ奉レ諸子ハ平時ニ於テ実ニ我カ師団中ノ最優者タリ実戦ニ於テモ亦然ラサル可ラス」と訓示した[121]。「実戦」という言葉が使われていることに注意されたい。大分県出身の兵士山崎千代五郎は、第七十二連隊の田中勝輔第三大隊長が八月二十七日の出発の際、次のように演説したと書いている。「我が第三大隊は只今より西伯利亜に向つて出発する。途中はよく各幹部の命に従ひ、決して軍律を紊す様な事があってはならん。戦地は予想外に楽しいものである。酒樽は山の如く積んであり、副食物も沢山にあつて、愉快なるものは戦争である。何にも心配する事は無い。死ぬるときはみな大隊長と共に戦死するのだ[122]」。皮肉なことに、田中率いる大隊は、一九一九年二月に、ニコラエフスク事件と並ぶ大惨事となった「ユフタの戦い」の犠牲者となった。

新聞の論調も、シベリア出兵については、公式見解とは全く異なる理解をした。「臨時西比利亜経済援助委員会」の創設が発表されたとき、福岡の二大新聞は次のような反応を示した。

まず『福岡日日新聞』は、後に著名になるジャーナリスト菊竹六鼓の手になる社説を掲げた[123]。この社説は、シベリア経済援助を「今、之を国際的に考うれば、隣邦に対する、友誼的、犠牲的努力の発現なりと雖も、此の事実は又た、斯の如くにして、日露両国民の親善融和を図り、他日、我が国民の発達に資せんとする一努力なりとして観察せられざるにあらず」とは述べていた。だが、経済援助委員会に求めたことは、「国家民族の発展てふ、大所高所」に立った上で「大小資本家又は無資本者と雖も充分に活動し得るの手段方法」を考えてほしいということのみだった。

『九州日報』紙も同日同じテーマで社説を掲げた。この社説は、副題に「西比利に米国の跳梁を恣にするを許さず」という挑発的な言葉をつけていた[124]。この社説は、「武力的援助の後に要するものは取りも直さず経済的援助」という視点に立って、まず軍事力で秩序回復をした後で、経済的開発を行うべきである、と主張した。日本はシベリアと地理的にも接しており、シベリアは資源の宝庫である。「彼の米国の実業団の跳梁にのみ委せず、西伯利亜開発の目的を達する」べきである、と、露骨にアメリカの対シベリア政策への競争心を煽る社説であった。シベリア出兵で副次的に掲げられた「ロシア国民の救援」も、対中国政策で実行された経済開発などと同レベルであることを既に悟っていたのである。しかし、『九州日報』は、アメリカのやっていることはロシアの「経済的救済」である、ということに気がつかなかった。このことは、現地に派遣された部隊が身をもって感じていくことになるのである。

「浦潮派遣軍」は、米騒動をはさんで出動するということになった。米騒動直前に小倉を通って出動した第十二師団の兵士松尾勝造は、たくさんの人々の見送りを受けたことを、感激に満ちた筆致で記録している。子供たちは日の丸の小旗を振り、老人たちは「御苦労でござります、無事に帰って下さい」と言いながら握手を求めた(125)。

ところが、福岡県はこの直後から米騒動の激浪に巻き込まれた。門司市は八月十五日から二十四日まで、小倉市は八月十六日から二十二日まで、軍隊が出動して騒動の鎮圧が行われた。当初は鎮圧対象の地域には、当該地域の出身の兵隊をはずしていくようなことも行われていたが、最後は兵士たちに、故郷で蜂起した知人と対決させるようなこともあった(126)。米騒動は、当時の当局者に激しい衝撃を与えた。田中義一参謀次長に宛てられた軍人の書簡では、「一朝米の供給竝に廉買の方法にして踈誤《ママ》を来さんか直ちに人心激発する可能性」があり、もし出兵のための動員中に騒動が勃発したら「或は過日よりも一層重大なる結果を来すべきやを保し難し」と記されていた(127)。出兵中に米騒動が勃発したら、秩序の維持ができなくなるのではないかという恐怖感は、食糧デモから二月革命が勃発したロシアのイメージと重なったことを思わせる。

米騒動後、兵士を見送るものは減った。門司市で米騒動時に投入された部隊がシベリアへ出発する日、地元紙『門司新報』は「米暴動に取紛れたといふのも可笑しいが此節は出征兵士の見送りが小々粗略になつた様だ」という記事を載せた。この記事では、この記事掲載日に出発する部隊は米騒動の時に来た部隊である上、「内に在っては暴動鎮圧に従事し中には半日の休養もせず直ちに本日出発して来て征途に上る者も多いのである」と書いて、見送りを呼びかけなければならなかった(128)。
兵士の家族たちは、戦場への出征として兵士を見送った。「老若男女中には幼児を背負ひたる婦人の白布に多数の小黒円を描きたるを持ち回りて集来せる婦人に一針宛縫ふて貰ふものも見受けられたり(129)」という記事でも分かるように、兵士の家族は弾除けの腹巻を作っていた。勇ましい音楽、そして万歳の声と共に送り出された兵士たちの中には、次のような光景が見られることもあった(130)。

「三大隊終りて、今七中隊の乗船の時に候ひし。人込みを掻き分け狂気の如く我隊に近づきし一人の老婆有之、「定吉はをらんか、定吉はをりまっせんか」と申候も、現役兵にはその人をらず、曹長に質し候も、予備にも後備兵にも我八中隊にはその人をらず候故に、その山上なる兵は何中隊なるやを問ひ申候処、懐より出せし本人よりのハガキにより十中隊の予備兵なること判明は致し候も、如何にせん十中隊は既に本船へ上船せし後にて、母なる人、せっかく見送りに駆け付け候ひしも時既に遅く、敢無き別れとは相成申候。ハガキに認められしは、「人伝てに既に御承知のことでせうが、愈々八月十日に出征します。家を出る時既に御別れを申し上げてゐることですから、病体を押してまでわざわざ見送り等に来て下さいませんやうに、戦地に行ってもお母さんの病気が一日も早く治りますやうに祈ります」との如き文面、母は「やっとのこつで来ましたつに、間に合ひまっせんじゃったか、定吉はもうあの船に乗っちょりますか、一目逢ふて安心させたかったつに、定吉よーい…」と聞えるはずはなけれど、我子の乗れる船に見入ってかくと叫び候ひしが、張り詰めし気の緩み候てか、だらりとその場へ崩れ伏し候。それとばかり救護班の誘ふに際し、「我々上船の上は、直ちにこの由定吉殿に伝ふ可くにつき、安心あれ」と申候処、「どうぞなァ、どうぞなァ」と繰り返しながら誘なひ行かれ候事、並ゐる人の涙をそそり申候。」

第十二師団の出兵の光景を明らかにしていくと、将兵も、新聞も、出兵は当然に戦争であるととらえていたことが分かる。息子の出征に会えなかった母親は、確実に「戦死」を意識しているとしか思われない。後藤新平の「新しき救世軍」という言葉も、現場で出ていく兵士たちにとってはまだ重要な言葉ではなかった。新聞も、ボリシェヴィキは当然敵であるものと感じていたし、シベリア経済援助は経済進出のためのものと考えていた。出兵の大義は、将兵ともどもも訓示だけでは明らかになっていなかった。召集された兵士たちは、ある者は歓喜に満ち、ある者は残した家族を思いながら、シベリアへと出征していった。彼らがロシアのどのような現実に直面し、何をすることになるかは、次の章で明らかにされていかなければならない。

三 「援助」構想の変化

第一章で、「臨時西比利亜経済援助委員会」の成立経緯を明らかにした。日本は、おそらくは初めて、「援助」を大義に掲げ、そのための中央機関を創設した戦争を開始したのである。

しかし、実際に兵士がシベリアへ上陸し、出兵が始まってみると、当然ながら創設前に予想したのとは全く違う事態が政策決定者や軍人を待ちうけていた。そのために、当初の構想——開発主体で、住民への援助は補助的なもの——とは全く違った活動を展開しなければならなかった。本節では、このことについて明らかにしていきたい。

「臨時西比利亜経済援助委員会」は、あくまでシベリア・ロシア極東地域に日本の経済利権を獲得することを第一義的目標としていた。生活物資の供与などの地味な援助は、日本軍の占領地域、反革命派の統治区域の住民に対して「恩恵的ニ差当リ」行うものでしかなかったのである。むしろ、状況が安定した後に行われるべき、反革命派

ウラジオストックの「浦潮派遣軍」司令部
（当時の絵はがきより）

政権への経済援助や、日本企業のシンジケートによる対ロシア投資が本筋であると考えられていた[131]。

確かに、「臨時西比利亜経済援助委員会」の至急遂行すべき事業としては、「西比利亜ニ於テ欠乏セル露国人ノ生活必需品ヲ供給スルノ方法ヲ講スルコト」が挙げられていた[132]。だが、委員会の審議の席上の発言を見ると、重要視しているとは言えなかった。委員会の創設にあたった松岡洋右は、「慈善的救済」はそう多くはないであろう、しかし「軍事占領其他ノ場合ニ於テ一時慈善的ニ救済ヲ行ハサルヲ得サルコトモアルヘキニヨリ」この項目を入れておいたのだと説明していた[133]。むしろ、委員会審議の中心は、対ロシア投資のための企業連合についての話題であった。また、大蔵省が出していた国策企業「日露興業貿易株式会社」創設案[134]などが審議されていた。従来通りの、「援助」を大義名分にした経済的利権獲得を直接的にめざすことが、政策決定者の中心的な関心事であったことが明白である。

ところが、現地の情勢がこれを大きく変えた。一九一八年八月二十三日、日本軍はついにシベリアでの戦闘に突入した。当然、戦争であるから、地域住民の被害も出た。八月三十一日、浦潮派遣軍政務部長松平恒雄は、戦線附近では物資が欠乏し、「該地方ノ住民中戦闘ノ為損害ヲ被ムレル者ハ我軍ニ対シテ好感ヲ有セサルヘキニ付」、基本的な食料品(麦粉、砂糖など)を配布することを要請してきた。一時的な応急措置であるという但し書きはついていたが、ここに住民への「救恤」を重視した対ロシア「援助」が動き出したのである。

松平政務部長からの報告は、まず臨時西比利亜経済援助委員会に上がった。九月五日の委員会審議で、請求してきた金額(四—五万円)は一時的にたてかえることが決められた。[135] この決議を受けて、九月十七日、寺内内閣は閣議決定で、一時的なロシア人住民の救済事業を行うことを決めた。閣議決定申請書には、次のように書かれていた。現在シベリアで不足している物資などについては外交官や臨時西比利亜経済援助委員会での調査を実施している。しかし、「各地方ノ事態猶未タ混沌ノ域ヲ脱セサル今日該調査ノ満足ナル遂行ヲ期スルコト容易ナラス」。また確実な調査終了を待っていては、「徒ニ曠日彌久ニ渉ルノ虞アリ」。そのため、臨時西比利亜経済援助委員会は、「不取敢一時救済ノ意味ヲ以テスル物資ノ供給」は速やかに実施すべきであると決定した。また、ある程度までの救済を必要とする実情は疑いなく存在している。そして軍事行動が拡大すれば、「地方窮民ノ救済ヲ要スル程度及範囲ノ増大スヘキヲ」予期せざるを得ない、と書いていた。[136]

だが、根本的に変わらなかった方針もあった。それは、住民への物資の無償配布はできるだけやらない、ということであった。閣議決定申請書が閣議に提出される前の九月十三日、目賀田経済援助委員会委員長と、勝田蔵相が会見した。そこで、申請書にあった「右ハ目下焦眉ノ施与ニ対スル経費ノ見積概算額ニシテ他日尚必要ヲ認ムル場合ニハ更ニ要求スルコトアルヘク」という文章が削除された。そして、食料品の援助でも「無償施与ヲ行フ場合ハ固ヨリ萬已ムヲ得サル事情アリト認ムルトキニ之ヲ限ル」ことが決められていた。原則的に物資供給は定価販売、それもできない場合は「廉売」をやるということになった。無償援助はできるだけやらない、という方針があったのである。このような条件をつけて九月二十七日に国庫剰余金から二〇〇万円が支出された。[137]「臨時西比利亜経済援助委員会」や寺内内閣率いる日本政府は、もちろん第一義的と見なしていた経済的開発のための活動はこれまで通り続けた。しかし、情勢に押されて不承不承ながらも、住民に対する直接援助も重視しなければならないということになったのである。飾りとして掲げておいたはずであった「ロシア住民の救援」という言葉が、主体を拘束しはじめたのであった。

軍事作戦を遂行する主体であった陸軍において、この状況に対応するための変化はもっとすばやくしなければならなかった。作戦が始まってみると、物資供給の不足が感じられた。陸軍は物資供給を東京の委員会に督促するようになった。足りない部分は臨時軍事費で立て替えてでも実行していた。そして一九一八年九月、浦潮派遣軍の由比光衛参謀長は「我国ノ救恤ニシテ英、米等ニ後ルコトアランカ露国民ノ我軍ニ対スル信頼ハ忽チ地ヲ払フニ至ルヘシ」という電報を田中義一参謀次長宛に打った。日本軍がロシアに侵攻した結果物資の欠乏、交通の杜絶が起こっている。それを「一部露人ノ為宣伝セラルル所一面ノ真理ナキニアラサルヲ以テ」早く救済の措置を講じなければならない、と言うのである。[138]「臨時西比利亜経済援助委員会」には、陸軍の委員も出席していた。にもかかわらず陸軍ですら、現地に出てみるまでは分からなかったのである。そして由比が書いていたように、これから日本軍・日本政府は、国際的な対ロシア援助競争にも参加しなければならないことになった。「救恤」は、単に占領地域の住民を一時的に慰撫するというだけでは済まされなくなったのである。

陸軍中央部は状況に適応しようとした。寺内内閣が二〇〇万円の予算支出を決めた後、参謀次長の名前で通牒を派遣部隊に発した。そこには、軍隊の行動に伴い、救恤が実行されないのは「遺憾トスル所」である、「無償供給ハ軍ノ前進ニ伴ヒ著々之ヲ実施セサレハ効果尠ナキ」ものである、と書かれていた。また、派遣部隊は国際的な援助競争が、ロシアをめぐる争奪戦であるという認識を持っていた。しかも、住民に対する援助は、援助国への共感を呼ぶものであることを通じて国際競争に勝とうとしていると考えていた。浦潮派遣軍総司令官大谷喜久蔵は、一九一八年十月四日、上原勇作参謀総長に向けて意見を上申した。この中で大谷司令官は、「英国ハ極東ニ於ケル我勢力扶植ニ対抗セントスル底意」がある。「米国ハ鉄道及経済政策ニ依リ露人ヲ救済シ隠然其民望ヲ得ルニ努力」している。日本だけがロシア救済事業に力を入れなければ「米国ヲシテ独リ救済ノ美名ヲ擅ニセシムルニ至ル」と書いていた。さらに大谷司令官は、中島正武派遣軍参謀が情勢報告で帰国する際、以下のような意見を述べさせた。すなわち、ロシア国民の中でも、下層階級は対日感情がよくない。対日感情を好転させるためには「所謂救恤、施療等ノ恩恵的事業ヲ一層熾ニ行フノ外ナシ」。対ロシア救済事業は「戦争ノ持続スルト将又平和克復期ニ入ルトヲ問ハス之カ遂行ニ努メ少クモ米国側ノ救済事業ニ拮抗スルコト切要ナリ」[139]。アメリカの対ロシア救援事業に、日本側がどれだけ神経を尖らせていたかは、次の章で述べる。陸軍側は、戦争が終結しても対ロシア救済事業を実行しなければならないという極端な主張まで展開して、シベリアでの援助活動をすべきであると主張するようになったのである。アメリカを中心とする連合国への対抗策として、「人道」を前面に押出した、住民一人ひとりを相手にする「援助」が必要であることを、陸軍側は認識させられていたのである。

以上のように、シベリアにおけるロシア人住民救済事業は、当初は単に美称として、さほど重要視されていなかった。だが、実際に日本軍がシベリアへ侵攻してみると、俄然住民への「救恤」としての救援事業が重要性を持つことが明らかになった。次の章で明らかにするが、この対ロシア住民援助は、実は国際的な援助競争であることも、特に派遣されていた陸軍部隊は認識させられるのであった。

だが、不思議なことに派遣部隊の認識と、東京の政府の認識の溝は、この部分では埋まらなかった。原内閣が出兵収拾をしようとしていたこともあってか、一貫して陸軍以外は援助事業、特に物資の無償供給や廉売に消極的であった。一九一九年二月一日、衆議院の予算委員会で、幣原喜重郎政府委員は「主義トシテハ廉売ハ成ベク早ク止メルト云フコトニナラナケレバナラヌノデアリマス」と明言した[140]。前述の二〇〇万円の予算は、医療援護事業用の資金として切り替えられた。さらに一九二〇年四月、資金不足を理由として、原内閣は経済援助委員会を廃止してしまった。これはあとから考えれば、シベリア出兵の性格自体が大きく切り替わるターニング・ポイントでもあった。だが、陸軍は引き続きこの後も援助物資の資金を臨時軍事費から捻出し、活動を続けたのである[141]。

本章では、シベリア出兵の、末端での発動と遂行に焦点を当てた。まずは、国民へ向けての出兵推進論、そして十二師団を中心とした発動と遂行の情景、最後に出兵実行後に「援助」の内実が変わっていったことについてである。

シベリア出兵論は、当初使われていた「独墺東漸論」が破綻した後、急速に変貌した。特筆すべきは「ロシア救援」などの言葉が使われ、出兵は必ずしもロシアとの戦争にならない、などの表現が用いられていたことである。そしてさらに、日本の現状に対する批判や、国際的な日本の地位を説明し、現状打破の方法としてシベリア出兵を用いるべきであるという議論が成立していたことである。しかもこれらの議論の中では、公式の出兵宣言がそうであったように、ボリシェヴィキ政権を敵視することが必ずしもなかった。国禁の思想である社会主義を掲げている政権でありながら、彼らを敵視することはできなかったのである。このことは、兵士に対する訓示の中で、「思想の影響を受けてはならない」という間接的な表現でしか「過激派」を公式には敵と言えなかった状況と符合している。

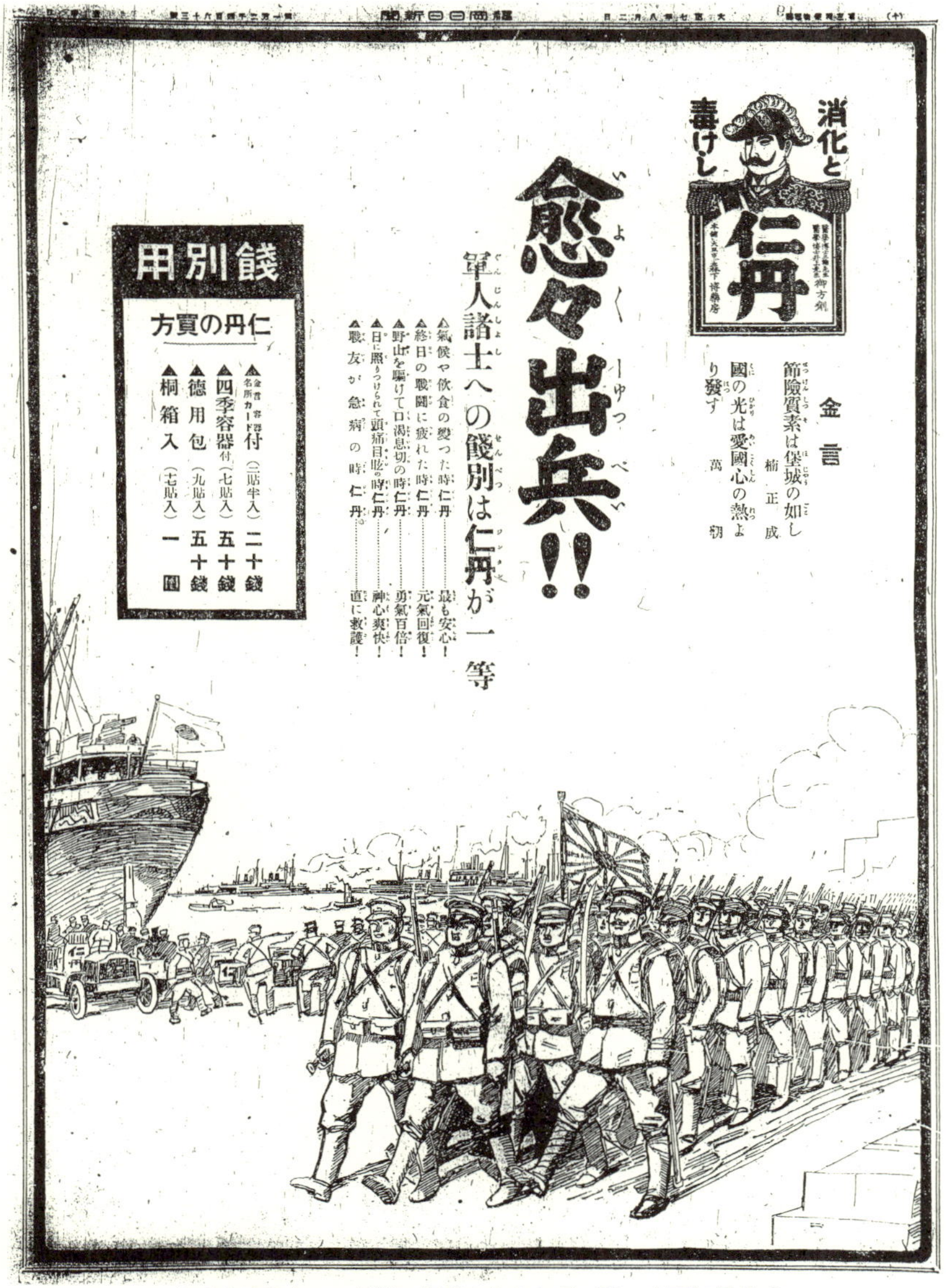

出兵宣言発布日に新聞に掲載された仁丹（現・森下仁丹株式会社）の広告「愈々出兵!!」（『福岡日日新聞』1918.8.2付）

福岡という地においては、シベリア出兵はまぎれもなく戦争であった。出兵宣言は懐疑的に受け止められた。兵士も家族も、そして現地の陸軍の幹部も、公式の出兵の大義とはずれた反応や発言を続けた。

だが、新聞広告の紙面には、シベリア出兵はこれまで経験した戦争ではない、という大義に則ったコピーが載った。ある石鹸会社は、一九一八年九月、日本軍がハバロフスクを占領した際、書簡体の広告を新聞に掲載した。この中で、シベリア出兵の日本軍は「実にも米国独立戦に於けるラフエット軍に彷彿たる我正義の軍隊」であると書いた。そして、今回のシベリア出兵は「日清日露の夫れとは全然其趣旨を異にし露国を独逸の毒手より救ひ出しスラブ民族に自由と光明を得させんとの武士的気魄の発露」であると言っていたのである。(142)

さらに、「経済援助」を掲げた人々も、その言葉に拘束されていった。経済的利権獲得をもっと露骨にやれると考えていた「臨時西比利亜経済援助委員会」は、現地軍の行動から、しぶしぶながらの「救恤」に応じなければならなかった。東京側は頑として物資供給などの領域での援助には応じなかった。だが、陸軍側は、それでは国際的な援助競争には勝利できず、将来的な帝国主義競争に敗北するという危機感を抱いた。しかし、次の章で述べていくように、援助の活動は、単に物資の配布や廉売といったものだけに止まらない、様々なバリエーションをもったものへと拡大していったのである。

次の章では、日本軍が「新しき救世軍」として行った、非軍事的な「援助」事業について述べる。反面、軍事作戦を遂行しながらの「援助」は、当然のことながら矛盾を生んだ。そして出兵目的が分からない戦争は、将兵の問題行動も生むことになった。このような出兵の矛盾した諸相を明らかにしなければならない。

(1) 例えば加藤陽子『戦争の日本近現代史』講談社、二〇〇二年。ただしこの本では、シベリア出兵は日本の行った戦争としては取り上げられていない。また伊香俊哉『近代日本と戦争違法化体制』吉川弘文館、二〇〇二年の第二章では、シベリア出兵の大義が「近代日本の開戦正当化論」の流れの中で扱われている。残念ながら筆者は伊香氏の著書に十分な検討を加えられなかった。
（2）例えば飛鳥井雅道「ロシア革命と『尼港事件』」井上清・渡部徹編『大正期の急進的自由主義』東洋経済新報社、一九七二年所収。
（3）西原亀三の日記(山本四郎編『西原亀三日記』京都女子大学、一九八三年)の一九一七年十一月十九日の記述を見ると、出兵促進論の運動に関して、当時の政府の資金が提供されていたことが明らかになっている。
（4）菊地昌典『ロシア革命と日本人』筑摩書房、一九七三年。
（5）「過激派政府とマルキシズム」『大阪朝日新聞』、一九一七年十二月十九日。執筆者については、後藤孝夫『辛亥革命から満州事変まで』みすず書房、一九八七年、一四三頁。
（6）ただ、日本国内の社会主義者が機に乗じて何らかの動きをとるのではないかという警戒はなされていた。これについては、荻野富士夫『特高警察体制史』せきた書房、一九八四年を参照。
（7）『日本外交文書』大正七年第一冊、六七四頁。一九一八年十二月二十二日、石坂善次郎少将から上原勇作参謀総長への電報。
（8）この点については原暉之『シベリア出兵』筑摩書房、一九八九年、第十四章を参照。ブラゴベシチェンスク三月事件でも、ボリシェヴィキ軍に「独墺俘虜」が加わっていたことは、前掲『露国革命関係一件　出兵関係　別冊　緒方書記生提出ノ同書記生発電写』(外交史料館所蔵)一九一八年三月二十二日の項にも見える。
（9）『日本外交文書』大正七年第一冊、四四六―四五六頁にある、一九一八年五月二十四日の電報。
（10）「西伯利ニ於ケル独逸ノ秘密機関」『露国革命関係一件　出兵関係　独勢東漸ニ関スル件』(1.6.3.24.13.24)(外交史料館所蔵)。『外交時報』三三〇号、一九一八年に掲載された上原好雄「西伯利の将来に及ぼす三勢力」(中)に、このパンフレットと全く同様の内容の記述がある。
（11）この問題については、陸軍は出兵後もかなり疑っていたようである。『西受大日記』大正七年第一冊の中にある一九一八年八月二十四日の「瑞典赤十字社員ト武装独墺俘虜ト会合ノ写真送付ノ件」という文書は、やはりこのような分析のとおりであった旨を記している。
（12）『帝国議会衆議院委員会議録』一四巻、臨川書店、一九八二年、九七―九八頁。後藤は「此新版図ニ於ケル斯ノ如キ行動ノ取締ハ、実ニ寛厳宜シキヲ得ナケレバナラヌモノデアリマス、ソレ故ニ緩急軽重ノ度ヲ計ッテ、漸次其目的ヲ達スルヤウニ致スコト、是レ植民地統治ノ先ヅ秘訣トモ申スベキ所デ是ニハ大ニ巧拙ノ繋ル所デアリマス」と答えただけである。

(13) 出兵宣言からわずか三日後の一九一八年八月五日、長谷川好道朝鮮総督は各道の長官宛に訓令を発し、「朝鮮ニ於ケル官民ハ斉シク該告示(出兵宣言のこと―井竿)ノ趣旨ヲ諒得シ敢テ危懼ノ念ヲ懐キ誤解ヲ来ス等ノコトナキヲ信スト雖露国ハ我接壌ノ地ニシテ殊ニ浦潮ハ我ト指呼ノ間ニ在ルノミナラス該地方ニハ朝鮮人ノ在住スルモノ其ノ数少シトセス時局ノ進展ニ伴ヒ時ニ或ハ流言蜚語ノ民衆ヲ蠱惑スルナキヲ保スヘカラス」として、各地方の長官に住民への出兵の趣旨を周知徹底させることを指令した(訓令は『法令全書』大正七年下巻のものを引用)。日本の派遣軍が、在ロシア朝鮮人に対し危害を加えるのではないかという噂が流れていた可能性を推察させる。原暉之氏が明らかにしているように(原暉之「ロシア革命、シベリア戦争と朝鮮独立運動」菊地昌典編『ロシア革命論』田畑書店、一九七七年所収、「極東ロシアにおける朝鮮独立運動と日本」『季刊三千里』一七号、一九七九年、および前掲『シベリア出兵』を参照。原氏の他にも東尾和子「琿春事件と間島出兵」『朝鮮史研究会論文集』一四号、一九七七年がある)、派遣された日本軍は抗日的な朝鮮人の弾圧を行ったことを考えると、「独墺東漸論」が朝鮮独立運動を一つの論拠にした当時の日本の意識状況がうかがわれる。

(14) 「西比利亜の近況」『政友』二一九号、一九一八年六月、八―一〇頁。永田の文章「世界戦争概観」『福岡日日新聞』一九一八年五月二十二日―三十日掲載にも、同様の指摘をした部分がある。同紙が政友会系の新聞であることを考慮に入れたとしても、新聞に掲載されて広く配布されたことの意味は大きい。

(15) 「外国人入国ニ関スル件」は『法令全書』大正七年上巻。この直前の一九一七年十二月七日には内相訓令で「外国人視察内規」が発せられている。これらのことについて、新しいものとしては、橋本誠一「近代日本における外国人処遇」『静岡大学法経研究』四四巻四号、一九九六年を参照。

(16) 『政友』二一八号、一九一八年五月、五六頁。

(17) この事件は、当時日本国内の新聞で広く報道された(次の注で用いた『東京日日新聞』でも既報のこととして取り扱われている し、『福岡日日新聞』でも、久留米の捕虜収容所にネアンダーが来訪したときのことが記されている)事件であったようである。管見の史料で判断すると、概要は次のとおりである。スウェーデン人宣教師ヘルマン・ネアンダーは、ロシアの捕虜慰問にまず派遣され、さらにスウェーデン公使の依頼により一九一七年十月より来日して日本にいる捕虜の慰問にとりかかった。この頃既に行動を怪しまれていたネアンダーは、二月九日朝鮮のソウルに到着後、朝鮮憲兵隊に取調べを受けることになってしまうのである。スウェーデン外交官憲から身元の確認を得たため結局それ以上の進展はなかったようであるが、この後日本側は一九一八年四月二十六日、元来不可侵の外交行嚢まで、スウェーデン側に引き渡す前に「非公式且ツ書記官ノ好意上ノ取計」を得たとして開封している。この事件については、『欧受大日記』大正七年第九冊に収録されている、「瑞典人『ネアンダー』ニ関スル件」や『ネアンデル』取調ニ関スル件」「瑞典人『ネアンデル』ニ関スル件」といった一連の文書を参照。

(18) この事件は、イギリス・ドイツ・日本の三つの国が関係する複雑な情報戦の一端だったようである。管見の史料から把握した事件の概要は次のとおりである。イギリスはドイツの密偵を買収して二重スパイとし、日本政府の了解を得て彼らを日本に派遣した。ドイツが革命の動乱中のメキシコおよびシベリアで何らかの事件を引き起こすという情報を得ていたからである。ところがこのスパイの派遣についての情報が、『東京日日新聞』によってスクープされ、一九一八年三月二十二日の紙面に「珍田駐英大使より独探来の報」と題して掲載されてしまったのである。イギリス政府は「東京日日新聞ノ曝露セル独国人ノ探偵云々ノ記事ハ英国海軍諜報局ノ苦心経営セル計画ヲ全然破壊セルモノニシテ国交上不快ノ関係ヲ生スヘシト思考ス」と激烈な抗議電報を送った。外務省は武者小路公共第二課長が、この記事を執筆した東京日日新聞社の大竹博吉に外務省からの情報漏洩があったのではないかとニュース・ソースの調査を行ったが、大竹は外務省官僚から機密を探知したことはないと否認した。この時に同じ紙面に掲載された中尾秀男というドイツのスパイと目された人物（外務省の調査ではその証拠はみあたらないという）の友人なる者が、他社に同様の情報を売り込んでいることを知り、『東京日日新聞』社会部として公表することにしたと大竹は答えている。これについては、『日本外交文書』大正七年第三冊、「独国ノ日墨両国ニ対スル陰謀関係一件」を参照。

(19) 本野一郎外相が、一九一八年二月五日、駐日アメリカ大使に向かって、個人的な考えとしながらも、具体的な地理的範囲をあげて日本がシベリア出兵を近いうちに起こすような発言をした事件のこと。当然この発言は連合国からさまざまな反応を呼び、最終的に三月七日、アメリカ政府から日本政府の出兵に懸念する回答が寄せられることになった。この発言は寺内正毅首相の了解もとらないまま行われたため、本野はこれによって著しく政治的立場を失墜させることになった。これについては、第一章を参照のこと。

(20) 一九一八年三月二十六日、衆議院で憲政会議員望月小太郎は、「諸君ガ御案内ノ如ク過去三、四週間ニ於テ、内外ノ人心ニ向ッテ一種言フベカラザル不安ト動揺トヲ来シ、吾々国民中ニ於テモ、壮丁ハ今ニモ動員令ニ接スルカト期待シタノデアル、又財界ヲ初メ日本国民全体ハ、此問題ニ対シテ一種名状スベカラザル沈鬱ノ空気ニ今猶ホ圍マレテ居ルノデアル」と述べた。そして「然ルニ斯ノ如キ重大ナル出兵問題ハ、而モ十七日――其所ニ原君モ犬養君モ居ルガ――此日ノ外交調査会ニ至ッテ突如トシテ火ノ消エタ如ク、而シテ今日余ス所僅ニ内外ニ対スル疑惑ト、顧ミテ列国カラハ逆手ニ或ル条件ヲ提出セラレントスルガ如キ境遇ニ陥ッテ居ルノデアル」（『帝国議会衆議院議事速記録』三四巻、東京大学出版会、一九八一年、六二四頁）と語っている。野党議員が政府批判をするための演説であるということを勘案しても、この時期もはや出兵が現実のものとして語られていたことをうかがわせる。一九一七年末、『浦潮日報』紙は、日本国内の新聞社からの情報提供要請を「我内地人が余りに露領方面の物騒を誇大に報導するを以て惹いては商業上に影響を及ぼし商人等は迷惑を感じ居る者少なからず」と拒絶している(「御先棒国民」『浦潮日報』一九一七年十二月二十二日号)。日露間で、情報の増幅が起こっていたことを推察させる文章である。現地で暮らしていた居留民にとっては、日本国内が極論に傾くことは自身の生活の基盤を揺るがす危険なことだったのである。

(21) 大谷誠夫編『出兵論』民友社、一九一八年。筆者は当初金沢大学所蔵のものを参照したが、本書執筆中に、同書を古書店から購入した。金沢大学が所蔵していたものは三〇銭の定価が付けられているが、筆者の入手した『出兵論』は「非売品」となっている。無料か、実費程度の料金で大量に配布されていた可能性がある。後に述べる阿部鶴之輔のパンフレットも民友社の刊行である。民友社はこの時期、出兵論を宣伝するために各種の出版物を発行していたと考えられる。

(22) 民間の出兵促進運動については、例えば前掲『西原亀三日記』や、宮地正人『日露戦後政治史の研究』東京大学出版会、一九七三年を参照。『田中義一文書』六一一には、このパンフレットの編集者であった大谷誠夫から出された、九博士の出兵論勉強会への勧誘を記した書簡がある。

(23) 松波仁一郎「西伯利亜出兵に就いて」『太陽』二四巻四号、一九一八年。

(24) 戸水寛人「世界大戦に際し日本の取る可き方針(速に西伯利亜に出兵す可し)」。前掲『出兵論』五九―九〇頁。「大正七年三月二十一日談」と記されており、何らかの雑誌・新聞に掲載された談話を再録したものである。

(25) 添田寿一「西比利亜出兵の急務」前掲『出兵論』一七―五二頁。

(26) 寺尾亨「世界の時局に対する我国民の覚悟」前掲『出兵論』九一―九六頁。一九一八年三月十五日に行った講演記録との注記がある。

(27) 中村進午「西比利亜出兵の意義」前掲『出兵論』五三―五八頁。

(28) 松波仁一郎「出兵問題に対する卑見」前掲『出兵論』九七―一〇〇頁。

(29) 現に、与謝野晶子はこの時期書いたエッセイ「何故の出兵か」で、「西部戦場での決戦さへまだ手を附けない独逸が、聯合軍側が口穢く言ひ過ぎるやうに如何に狂暴であるにしても、其武力を割いて西比利亜に及ぼし、兼ねて日本を脅威しようとは想像されません。我国の参戦程度を手温しとする英仏は、種々の註文を出して日本を戦争の災禍の中心に引入れたい為めに、独逸勢力の東漸を法外に誇大するでせうが、日本人は其れを軽信してはならないと思ひます」と述べて、「独墺東漸」の非現実性を指摘してい

た。与謝野の文章は『定本與謝野晶子全集』第一六巻、講談社、一九八〇年所収。
(30) 例えば森御蔭「東露の危機と帝国の態度」『太陽』二四巻一〇号、一九一八年は、出兵発動直前に出されたものであるが、この文章が唱える「独墺東漸論」は、ドイツの軍事力でなく、経済進出を問題にしている。
(31) 高橋作衛「シベリヤ出兵の法理と先例」前掲『出兵論』七—一六頁。『国際法外交雑誌』一六巻六号、一九一八年に掲載された論文を再録したもの。
(32) 松波仁一郎、前掲「西伯利亜出兵に就いて」。
(33) 前掲中村進午論文、五三—五四頁。
(34) 志田鉀太郎「西比利亜出兵の主張」前掲『出兵論』一〇一—一〇二頁。
(35) 前掲添田論文、四四—四六頁。そして彼がこの論文の結論部分で、交戦国の食糧欠乏や、国内での米価高騰などを理由にして、「昼食全廃」論を唱えたことは、細谷千博『シベリア出兵の史的研究』有斐閣、一九五五年が紹介している。
(36) 前掲寺尾講演記録、九二—九四頁。寺尾が執筆した「西伯利亜出兵の前提の下に」『太陽』二四巻四号、一九一八年でも、「事を好むわけではないけれど、現下に於ける我国民には、交戦国の一としての覚悟が薄弱なやうである。少くとも世界の革新時機とも観るべき此変局に対する考慮が缺けて居る」と言っている。そして、「単に独逸勢力の東漸に依る自衛の為めのみと言はず、勢力ある一国としての将来の存在の為めに、此際西伯利亜方面へ出兵して積極的な活動に出づることは、内人心を新たにする点に於ても恐らく必要ではなからうか」と、シベリア出兵を国内的な人心一新の契機としうるという論点を提示している。
(37) 「シベリアニ関スル田中参謀次長ノ意見」『田中義一文書』四九。
(38) 「西部西伯利出兵ニ関スル研究」は参謀本部編『大正七年乃至十一年西伯利出兵史』(以下は『西伯利出兵史』と呼ぶ。)第一巻付録編、一九二四年、七七—八五頁。しかしながらこの「過激派」の軍事力への過小評価は、シベリア出兵を長期化させる原因となったことは本書でも述べたところである。
(39) 『帝国議会貴族院議事速記録』第三四巻、東京大学出版会、一九八一年、二七六頁。
(40) 「欧州出兵ニ関スル研究」『西伯利出兵史』第一巻付録編、七—二八頁。
(41) 前掲「西比利亜の近況」九—一〇頁。
(42) 前掲添田論文、三一頁。出兵に批判的な『中央公論』は、一九一八年五月号で「米独の西伯利発展に対する我経済的対抗策」という特集を組んだ。出兵に対する批判が、「外国(特にアメリカ)は軍事力を用いずにシベリアへの進出を可能にしている」という論理で組み立てられていたことは注目すべきである。「軍事干渉はよくない」という論理ではなく、「軍事干渉は不利」という議論だったからである。

(43) 伊東の発言は、小林龍夫編『翠雨荘日記』原書房、一九六五年。
(44) 阿部鶴之輔『極東平和の使命　西比利出兵と大和民族の覚悟』民友社、一九一八年。『田中義一文書』五四。
(45) 阿部、前掲書、二三—二四頁。
(46) 阿部、前掲書、三五頁。
(47) 阿部、前掲書、三八—三九頁。
(48) 長島隆二『西伯利亜出兵竝に対支政策を論じて国民精神の改造に及ぶ』やまと新聞社内田原茂作発行（非売品）、一九一八年、『田中義一文書』五五。新聞連載をまとめたもの。長島については、新しいものとして櫻井良樹氏の研究「日中提携と『国民的新党』の創設」『年報政治学　一九九八』一九九九年が存在する。
(49) 長島隆二「本野前外相の外交」『太陽』二四巻七号、一九一八年。しかしここでは、シベリア出兵は「好機会に於て之を実行する必要がある」と書いていた。そしてシベリア出兵問題では、財政上の問題、連合国がなぜ日本に出兵を要請するか、アメリカの出兵問題に対する意思と影響、そして「出兵の結果日本が何を獲得し得るか」を考えるべきであると書いていた。パンフレットで述べた出兵論とは若干異なった色彩を持っている。
(50) 長島、前掲書、四頁。
(51) 長島、前掲書、一〇頁。
(52) 長島、前掲書、一二—一三頁。
(53) 長島、前掲書、二六頁。
(54) 長島、前掲書、二八—二九頁。
(55) 長島、前掲書、三三頁。
(56) 長島、前掲書、三四—三五頁。
(57) 長島、前掲書、三五頁。
(58) 長島、前掲書、三七頁。
(59) 長島、前掲書、四九頁。

(60) 長島、前掲書、五五頁。
(61) これに関しては、『太陽』二四巻三号、一九一八年の特集「帝国参戦の目的如何」、また吉野作造「戦争の目的に関する我国論の二種」『中央公論』一九一八年四月号を参照。前者は、この問題が天皇の詔勅で宣言された戦争目的に変更を迫るという、以前には考えられなかったものであることをよく表している。
(62) 『西伯利出兵史』第一巻、四五―四六頁。
(63) 森山慶三郎「帝国海軍の與国に対する貢献」『国際法外交雑誌』一六巻四号、一九一八年。前年に行った講演を活字化したもの。森山は海軍軍人。北米艦隊派遣に加わっていた。
(64) 吉野作造「所謂出兵論に何の合理的根拠ありや」『吉野作造選集』第五巻、岩波書店、一九九五年掲載のものを用いた。初出は『中央公論』一九一八年四月号。
(65) 徳富蘇峰『大正の青年と帝国の前途』民友社、一九一六年、四二一―四二三頁。
(66) 前掲添田論文。
(67) 原の政友会秋田官民合同歓迎会での演説。『政友』二一一号、一九一七年。
(68) 青森での官民合同歓迎会での演説。注67と同じ号の『政友』。
(69) 一九一七年十二月二十四日、政友会の議員総会での演説。『政友』二二四号、一九一八年。
(70) 「経済政策と外交方針」『福岡日日新聞』一九一八年一月一日。ただ政友会系列の地方新聞にはすべて掲載された可能性もある。
(71) 「時言」は、山本四郎編『寺内正毅内閣関係史料』下巻、京都女子大学、一九八五年、四二五―四二八頁。
(72) 宮地正人、前掲『日露戦後政治史の研究』三三九頁。
(73) 菊地昌典「吉野作造と『中央公論』」、前掲『ロシア革命と日本人』所収。菊地氏は、吉野のロシア革命観自体の問題にまで踏み込んだ議論をしている。
(74) 泉哲「国際法上より見たる西比利亜出兵問題」『外交時報』三三三号、一九一八年。
(75) 立作太郎「出兵と干渉」『外交時報』三三七号、一九一八年。
(76) 「内政不干渉主義の動揺」『大阪朝日新聞』一九一八年三月二十一日―二十二日。この社説を紹介しているものとして、有山輝雄『近代日本ジャーナリズムの構造』東京出版、一九九五年がある。
(77) 「西伯利出兵か」『大阪朝日新聞』一九一八年七月十四日。

(78)「自信なき現内閣」『大阪朝日新聞』一九一八年七月十八日。原敬が同じ論理で出兵を事実上容認したことは周知の通りである。

(79)「出兵宣言」『大阪朝日新聞』一九一八年八月四日。

(80)泉哲「チェック軍救援の意義」『外交時報』三三二号、一九一八年。

(81)例えば、「米国の経済的援露」『大阪朝日新聞』一九一八年七月二十五日。

(82)「朝日評壇・新しき救世軍」『大阪朝日新聞』一九一八年八月二十三日付(発行は前日)夕刊。この言葉が出てくるまでの政治的な動きについては、第一章で論じた。

(83)浅田江村「サーベル無能」『太陽』二四巻一〇号、一九一八年。

(84)三井甲之「新十字軍的西比利出兵」『日本及日本人』七四一号、一九一八年。

(85)「西伯利出兵の総決算　軍閥功罪の批判」『対日感情の偽らざる告白　西伯利出兵の総決算』一九二一年所収。同書は、読売新聞の二つの連載をまとめたパンフレット。引用部分は、一九二一年一月十八日の『読売新聞』に掲載されている。『田中義一文書』六八。

(86)これについては朴羊信「『七博士』と日露開戦論」『北大法学論集』四八巻五号、一九九八年を参照。

(87)新藤東洋男『ロシア革命とシベリア出兵』日ソ協会福岡県連合会、一九七八年。

(88)「露国過激派の暴状」『福岡日日新聞』一九一七年十一月二十八日。「反対派職員を物色し捕獲しつつある光景」と説明が付せられて、一面に掲載されている。

(89)「無茶苦茶な露政府」『福岡日日新聞』一九一七年十二月十四日。執筆者は「哈爾賓より　近藤生」とある。「近藤生」とは近藤義晴のことではないかと推察される。近藤義晴とは、後述するシベリア出兵に『福岡日日新聞』から従軍記者として派遣された黒田静男が接触した、同紙の常置通信員である。これについては黒田静男『地方記者の回顧』黒田静男記念文集刊行会、一九六三年を参照。

(90)「義勇艦爆沈を企つ」『福岡日日新聞』一九一八年四月二日。

(91)「入国を禁止された露将校」『福岡日日新聞』一九一八年二月三日。

(92)「浦塩土産談」『福岡日日新聞』一九一八年七月十四日。「同激戦に於てチェック過激派両軍対抗せる両側には列国陸戦隊の堵列観戦するあり万一一弾の飛来せば直ちに発射の軍に向ひて抗議を申込む可く堅唾を呑みて監視せるは実に視物なりし」と言う言葉が残されている。連合軍側がいかに「中立」を装いつつ、チェコ軍がボリシェヴィキ政権を破壊するという内政干渉を静観していたかがよく分かる観察である。のちには、「（チェコ軍は―井竿）過激派の此の暴状を憎む事甚しく遂に過激派は独墺の俘虜と合体して連合国側に敵意を挟む事が明かになったからチェック軍は密々浦塩にある連合国の官憲に訴へその援助に依て武器を借り受け又連合国の碇泊軍艦からも陸戦隊を上陸せしめチェック軍に応援する事となった、殊に日本領事館には彼地に在留する商人其他で万一の自衛上義勇隊を組織する為これに充当する武器弾薬を格納されてあることをチェック軍が聞き出して之を借受け五月廿八日の午前一時に喊声を揚げて過激派の占守する要塞司令部に向かって突撃を試みた」などと、チェコ軍が周到な準備のもと攻撃を仕掛けていたことも報道されている。「飲料水の乏しい浦塩」『福岡日日新聞』一九一八年八月十三日。福岡堅粕出身の写真師平野三右衛門なる人物へのインタビュー。

(93)「無意義なる共同出兵」『福岡日日新聞』一九一八年七月十五日。この社説は代案として、日中両国による共同出兵を提案している。この日のコラム「驢鳴犬吠」も「米国から何か提議があったとかで出兵問題漸く色めき来り諸星の来往が俄に滋くなった現在に於ける米国の立場も立場だがウイルソンの一挙一動が全世界を其の意の如く動かして居るのは素破らしい勢だが引き摺らるる者の影は一入に薄い／元来極東問題は日本が主動者であらねばならぬ出兵の要あらば断乎として出兵すべくまた其の要無くんば挺子でも動かずと云ふのが本当である」とアメリカが国際政治の主導権を取っている中での出兵問題を批判している。

(94)「自主的たれ」『福岡日日新聞』一九一八年七月十七日社説。

(95)「福岡連隊」『福岡日日新聞』一九一八年七月二十日。新藤、前掲書、八七頁では、『西日本新聞』一九七七年八月二十九日夕刊の記事（出兵に参加した兵士の回想）を引用し、福岡連隊で将校の動きがあわただしくなったことから出兵が近いことが市民に知られた旨を述べている。一般住民は報道以外にも、このような兵営の動きによって軍隊の動員が近いことを察し得たことを推察させる。

(96)「北方へ」『九州日報』一九一八年七月二十二日。同紙面には、福岡連隊の様子を記した「凄まじい面会人」も掲載されている。

(97)「繁忙を極めた郵便局」『福岡日日新聞』一九一八年七月二十日。

(98)「松山参謀長と語る　待て居るけれど命令が来ぬ」『福岡日日新聞』一九一八年七月二十日。

(99)この爆発事故は、爆風で対岸の門司の建物のガラスが割れると報じられたほどの大規模なものであった（「被害門司に及ぶ」『福岡日日新聞』一九一八年七月二十八日）。火薬の発送先は検閲で削除されているが「人目を惹く」ものであったことが記されている（「火薬爆発その後」『福岡日日新聞』一九一八年七月二十九日）。また、運送に当たっていた内国通運会社の社員が「元来火薬類は日の出より日没迄に荷役する事になって居りますが、至急を要する為め夜間荷役をやって居たので」と語っている記事がある

（「一足遅れて惨死を免る」『福岡日日新聞』一九一八年七月二十九日）ことから、運んでいたのはシベリア出兵関係の火薬であったことが推察される。被災地下関市で発行されていた『馬関毎日新聞』（山口県立図書館所蔵）の紙面にも、火薬の行き先は記されていない。この事件はその後、火薬を運んだ鉄道院、運送を請け負った内国通運会社、そして運送を委託した陸軍の間で責任の所在をめぐって争いが起こった（「火薬爆発の責任者、鉄道院、通運、陸軍の孰れに属するか　今の処では三ツ巴式の塗合ひ」『福岡日日新聞』一九一八年八月一日）が、最終的には陸軍省が被害者に総額六、五〇〇円の慰謝料を支払うことで事件はうやむやになった（「陸軍省慰問金」『福岡日日新聞』一九一八年八月三日）。

(100) 『西伯利出兵史』第一巻、二六九頁。ただし、大井に与えられた指示は、かなりあいまいなものであった可能性もある。大井は後に「愈々第十二師団ヲ率キテ私ガ派遣サレルコトニナツタガ、米国側カラハ兵力迄制限シテ言ツテ来テ居ル状態ダカラ君ガ向フヘ行ツテモ英米等カラ種々ノ干渉ガアツタリシテ随分面倒ガ起ルト思フ、然ルベク協調シテヤッテ呉レト云フヤウナ注意ヲサレタ。外務大臣ナドモ矢張リ、マア直グ「シベリヤ」ニ冬ガ来ルコトデモアルカラ、今年中ニ「ハバロフスク」辺迄占領シテ、ソコデ冬ヲ越スコトニナルノダラウト話シテ居ラレタ。サウ云フ有様ナノデ、「チエツコ」軍救援ニ我々ガ赴クトシテモ、其ノ救援ヲ如何ニシテ為スノカ、我々ハ「ハルビン」ノ方ヘ行クノデアルカ、「ハバロフスク」ノ方ヘ行クノデアルカト云フヤウナコトスラモ明瞭ニナツテ居ラナカツタ」と回想している（『男爵大井成元大将述　西比利亜出兵ニ関スル思出ノ一端』外務省調査部第一課編・刊行、一九三九年、九州大学大学院法学府所蔵）。この時大井は七十五歳であるから、勘違いもあるかもしれないが、事態の急展開に対処している様子が窺える。

(101) 林銑十郎「問題のチェック族」『福岡日日新聞』一九一八年七月二十一日。匿名の記事は、覆面将軍「チエックスロウバック族」『福岡日日新聞』一九一八年八月二日。

(102) 「西伯利亜とチェック族」『福岡日日新聞』一九一八年七月三十日社説。

(103) 『西伯利出兵史』第四巻、二四頁。

(104) 『西伯利出兵史』第四巻、二七頁。

(105) 田川市史編纂委員会編（当該箇所は小川克己／永末十四生執筆）『田川市史』中巻、田川市役所、一九七六年、五二一―五二三頁。また『久山町誌』下巻、一九九六年（当該箇所は黒木彬文／木永勝也執筆）一九三―二〇三頁でも、当時の糟屋郡山田村の出兵発動の時の光景が、村の兵事関係史料を駆使して明らかにされている。

(106) ここまでの例は、「動員実施状況ノ件報告」（一九一八年九月十三日）『西伯利出兵時ニ於ケル憲兵報告』（防衛研究所所蔵）所収。

(107)「動員実施状況ノ件報告」（一九一八年八月二十二日）前掲『西伯利出兵時ニ於ケル憲兵報告』。

(108)「悲惨なる家族の為に」『福岡日日新聞』一九一八年八月九日。

(109)郡司淳「軍事救護法の受容をめぐる軍と兵士」『歴史人類』（筑波大学）二五号、一九九七年は、シベリア出兵で出征する際に、軍事救護は「不名誉」だから受けてはならないと家族に手紙で知らせる兵士の存在を明らかにしている。

(110)この問題について、たとえば『久山町誌』下巻、一九九六年では、当時の福岡県糟屋郡山田村における出兵に際する兵士家族への地域的ケアの状況が記されている。

(111)このことについては、遠藤芳信『近代日本軍隊教育史研究』青木書店、一九九四年、第一部第五章を参照のこと。

(112)「自八月八日至九月三日　出征部隊輸送状況ノ件報告」（一九一八年八月十日）前掲『西伯利出兵時ニ於ケル憲兵報告』。

(113)「自九月五日至九月七日間出征部隊ニ関スル件報告」（一九一八年九月十八日）前掲『西伯利出兵時ニ於ケル憲兵報告』。ところがこのようなあからさまに上官に反抗的態度を示しているものがいる第三師団は、宿営地広島では「広嶋市地方人ノ言　今回ノ出征軍人ハ日露戦争当時ニ比シ気概稍乏シキモ軍紀厳ニシテ教育程度モ著シキ差アリ（良好）」と報告されている（「出征軍隊ニ対スル衛生上ノ取締竝舎主ノ待遇等ニ関スル状況ノ件報告」（一九一八年九月十八日）前掲『西伯利出兵時ニ於ケル憲兵報告』に貼られた付箋）。つまりシベリア出兵の日本軍兵士は、市民からは日露戦争のときの兵士より好感を持たれている場合もあったのである。ただし米騒動が激甚を極めた地域においてもそうであったかどうかは分からないので、一般化することはできない。

(114)「出兵宣言出づ」『福岡日日新聞』一九一八年八月四日社説。

(115)「時局ニ際シ陸軍一般ヘ訓示ノ件」『西密受大日記』大正七年一冊（防衛庁防衛研究所所蔵）。

(116)『西伯利出兵史』第一巻付録編、一六七―一七一頁。

(117)『西伯利出兵史』第一巻付録編、二〇七―二〇九頁。

(118)「曰く、曰く、曰く、小倉師団の諸星何を語る」『福岡日日新聞』一九一八年七月十八日。

(119)「此機会に外を見よ」『門司新報』一九一八年八月三日。

(120)「軍用列車内の光景」『門司新報』一九一八年八月十日。

(121)『歩兵第七十二連隊陣中日誌』（防衛庁防衛研究所所蔵）一九一八年八月十日。

(122)この発言は、山崎千代五郎『西伯利亜出征ユフタ実戦記　血染の雪』増補改訂版、自費出版、一九三〇年の八頁に掲載されている。ところが、本書の一九二七年に刊行された初版（筆者の参照したのは大分市在住、園田明氏所蔵）には、この田中大隊長の訓示は掲載されていない。このことについては、拙稿「忠魂碑と「正史」」『九大法学』七六号、一九九八年。山崎のことをはじめて公にしたのは、髙橋治氏である。山崎に関しては、氏の『派兵』第二部、四一二頁以下を参照。

(123) 「経済援助と内治的考慮」『福岡日日新聞』一九一八年八月二十二日。この日の同紙には、「臨時西比利亜経済援助委員会」での寺内首相と後藤外相の演説が掲載されている。だが、「新しき救世軍」という後藤の言葉には着目されていない。

(124) 「日米の対露救済政策」『九州日報』一九一八年八月二十二日。

(125) 松尾勝造『シベリア出征日記』風媒社、一九七八年。一九一八年八月十日の日記(実は手紙)。

(126) 「各地軍隊出動ニ関スル件報告」(一九一八年九月五日、大島陸相から寺内首相に送られた報告)に綴じ込まれている「各地軍隊出動兵力表」による。この文書は『公文類聚』四二編巻一四に所収。また、このときの体験者の聞き書きが、林えいだい『北九州の米騒動』葦書房、二〇〇一年である。

(127) 児玉友雄陸軍歩兵少佐から田中義一参謀次長宛の書簡。一九一八年八月二十四日付、「御直披至急」とある。『田中義一文書』七一一。

(128) 「暴動後の門司」という記事の中に含まれている「出征兵を見送れ」という部分。『門司新報』一九一八年八月二十三日。

(129) 「応召兵勇しく入営」『福岡日日新聞』一九一八年八月六日。名古屋においても、米騒動の影響が薄れ動員のあわただしさに人々が巻き込まれている証拠として「特ニ名古屋市ニ於テハ応召員家族ニシテ「弾避ケ」ヲ作ル為メ終日当停車場ニ詰切セルモノ四五名アリ之レ木綿腹巻ヲ一千名ノ婦人ニ一針宛ノ縫付ヲ受ケ常ニ身体ニ着用スル時ハ戦線ニ立ツモ敵弾ヲ避クルト謂フ迷信ニ出ツルモノアル如キ景況ナリ」と、「千人針」が作られている様子が報告されている。「第三師団動員第二日ニ於ケル状況ノ件報告」(一九一八年八月三十日)前掲『西伯利出兵時ニ於ケル憲兵報告』。

(130) 前掲『シベリア出征日記』。一九一八年八月十日。

(131) 「西比利亜ニ対スル経済的援助ニ関スル会合要録」(第一回)に付された「松岡事務官案」と題する文書。『西比利亜経済援助関係雑件　委員会ノ成立ニ関スル件』(3.4.1.23.1)(外交史料館所蔵)。

(132) 「臨時西比利亜経済援助委員会新設ノ経緯」『日本外交文書』大正七年第三冊、三一四―三一五頁。

(133) 一九一八年八月二十一日二時より外相官邸にて開催された経済援助委員会第一回会議での発言。前掲『日本外交文書』大正七年第三冊、三一六頁以下を参照。

(134) 「日露興業貿易株式会社」のプランについては、「日露興業貿易株式会社要綱」『勝田家文書』一二〇冊を参照。会社の事業内容などにまで政府が介入できるかなり国家統制色の強い国策会社を創設しようとしていたのである。
(135)『日本外交文書』大正七年三冊、三二二―三二五頁。
(136)この書類は前掲外務省文書『西比利亜経済援助関係雑件　委員会ノ成立ニ関スル件』にある。
(137)「西比利亜窮民救助費国庫剰余金ヨリ支出ノ件」『公文類聚』四二編巻一七。
(138)『西伯利出兵史』第三巻、一五一一頁。
(139)『西伯利出兵史』第三巻、一五一二―一五一四頁。しかし同時に、救済方針が決定された後陸軍次官を通じて出された方針は有償配布であった旨も記されている。
(140)『帝国議会衆議院委員会議録』一九巻、臨川書店、一九八三年、三〇二頁。ただし、医療援助事業については、物資の無償供給をやめるとは言っていない。
(141)『西伯利出兵史』第三巻、一五〇七頁。
(142)日本リーバーブラザーズ株式会社の「ベルベット石鹼」の新聞広告。『福岡日日新聞』一九一八年九月二十二日。同紙ほか、福岡県内の主要新聞には、出兵宣言公表の八月二日に、「愈々出兵!!」という戦争色の濃い薬品「仁丹」の商品広告(一二五頁参照)が一斉に掲載された。上記の広告は、これとは明らかに異なり、寺内内閣が掲げた出兵の大義が前面に押し出されている。確かに企業広告であり、実際の将兵の書簡ではないことから、これによって出兵の大義の社会的浸透の度合いを推し量ることは難しいが、逆に宣伝文句に使われるほど人々に定着してきていたともいいうるのである。

第四章　「新しき救世軍」の行動

第一章で明らかにしたように、シベリア出兵は、その初期においては「新しい救世軍」という位置付けを政治的に与えられた。公式に出兵目的として与えられたのは「チェコ軍救援」であったが、これに加えて「ロシア国民の救援」という目的が付加されたのである。前章で述べたように、末端の将兵には、そのような位置付けはほとんど伝わっていなかった可能性が高い。しかしながら、伝わっていてもいなくても、政策遂行者は、つけた位置付けにふさわしい行動を求めていかなければならなくなったのである。このような状況のもとで、出兵していった日本軍が現実にシベリアで行っていた活動とはどのようなものであったか。本章はこのことを明らかにしなければならない。

本章では、まず「浦潮派遣軍」が、軍事作戦と並行して、どのような非軍事的事業を展開していったかを明らかにする。ここで扱うのは、物資配布、プロパガンダ工作、そして医療援護事業である。これらの活動は、キリスト教関係者、あるいは偽装民間団体などを組織して行ったこともある。また、軍隊がみずからの資源を用いてそのような事業を展開したこともあった。医療援護事業のように、軍隊と赤十字の共同事業として遂行されたものもあった。このような活動は、当初から予期されていたものではなく、出兵の遂行とともに必要性が認識されて立案・執行されたものであった。また、やり始めた後でも、執拗に展開を阻止しようとする動きもあった(廉売がそれである)。以上のような事業の立案から執行に至るまでの動きを、本章では明らかにする。「新しき救世軍」は、日本国民向けのキャッチ・コピーではすまされなくなった。しかも、現地では、特に非軍事・人道援助のスタイルを取った国際的な援助合戦が展開されていた。情勢に引きずられながら、主体的に政策執行をしようとした政策決定者と、現場で焦燥を感じつつロシア人相手に事業を実行していた人々の様子を見ることによって、日本のシベリア出兵は、ここに政策決定―政策執行―政策変更までのプロセスを見ることが可能になると考える。

そして、この事業の遂行の反面で、「新しい救世軍」の兵士たちがどのようなことをしていったかを明らかにしたい。そのためには、先行研究でも使われた『西伯利出兵憲兵史』や、防衛研究所に所蔵されている「陣中日誌」を利用していく。前章で述べてきたように、中央で決定された大義や方針が、末端に下ろされる過程で薄められたり、変化したりしていることがままあった。さらに今回の出兵自体が、ロシアに行ってロシア人のボリシェヴィキ軍と戦いつつ、「ロシアとの戦争ではない」ものであるとされていた。このように、大義を理解せず、長期的な戦いを強いられた兵士たちはどのようなことになっていったか、そしてそれに対して指導部はいかなる方策で対応したか。この問題を最後に明らかにしていきたいと考えている。それは、初期以後のシベリア出兵史研究に必要な作業である。事業の展開過程、そして兵士の行動について叙述するにあたっては、その後の状況を知るために、多少「初期」をはずれた部分にも触れられていくことになることは、あらかじめお断りしておかなければならない。

一　物資供給と親日宣伝

シベリア出兵において、日本軍がまず行ったのは生活物資の供給であった。戦闘地域の住民に対して慰撫策を取ることと自体は、さほど新しいことではなかった。しかも、前章まで見てきたように、経済援助の実行機関自体が、物資供給は「一時的救済」であって、さほど重要でないと考えていた。しかし、現地軍はこの点の変更を迫られた。住民の支持獲得のためには、物資供給などを含めた広範囲で継続的な活動をしなければならなかったのである。

現地軍は、一九一八年九月には物資供給を開始した。シベリア鉄道沿線地域では、戦禍を被ったロシア人住民に対して、五、二〇〇円相当の食糧(麦粉、砂糖、食塩、茶)を配給した。これは、派遣軍司令官大谷喜久蔵の名前で行われた。また、十二師団がアムール州を制圧したあとの十月、アムール州の鉄道沿線地帯の住民(約一万人と考えられていた)に対して、一万六、九〇〇円相当の食料品を調達して配布した。これは、十二師団長大井成元の提案に基づいたものであった。大井はさらに、あと一万人分の麦粉、砂糖、茶などを分配用に送付してほしいと「陸軍中央部」に申請した。これに対して、陸軍中央―臨時西比利亜経済援助委員会のルートで情報が伝達された。委員会は二万七、〇六〇円を十二師団宛に支出し、師団はこの資金で食料を購入して十一月に再度配布した。[1]このように、現地の軍隊と、経済援助委員会の連繫が取られ、物資供給事業はスタートするのである。

シベリア出兵で、現地の住民に対して日本への指示を求めるためには、物資供給とともに、親日宣伝が重要視された。日本はロシアを侵略するものではない、というプロパガンダに対して、大量の資金が投入されていくのである。プロパガンダの担当人員は、宗教家であったり、白系ロシア人であったりした。ロシア語に堪能で、現地の風俗などを理解している人材が求められたのである。ここでは、二つの例を挙げて、このプロパガンダ作戦がどのように行われていたかを明らかにしてみたい。

一つは、出兵直後に派遣された、「西伯利亜農民労働者後援団」なる集団の宣伝工作である。この集団を率いたのは、長崎県出身の佐藤熊男という人物である。そしてこの集団には、沢野英雄という人物がいた。第一章で登場した、西原亀三の情報収集工作に協力したロシア人アンドレーエフである。アンドレーエフは日本国籍を取り、沢野英雄(秀雄と書かれているものもある)と名乗っていた。佐藤熊男もロシア在住が長く、イルクーツク市で居留民会の会長を務めていた。一九一八年五月には、同地の日本人居留民一二〇名を無事帰国させたりもしていた。ただし、一九一五年に「哈爾賓総領事ノ依頼ニ依リ関東都督府員南三郎氏ト共ニ露領イルクーツク市ニ入リ写真業ヲ経営」していたという履歴があることでも分かるように、佐藤は普通の民間人ではなかった。明らかに工作員としての一面を持つ人物である。(2) 佐藤とアンドレーエフを結んだ人物は誰であるかは明らかではない。西原亀三と近い人物であることが推察できる程度である。アンドレーエフの他、日本人二人が、佐藤のもとで働いていた。(3)

この団体について、後藤外務大臣は松平派遣軍政務部長に送った電報(一九一八年九月二十七日起草)で、次のように語っている。「西伯利農民労働者後援団」は、「露国民ノ間ニ我邦ノ対露国殊ニ西伯利亜露人ニ対スル一般態度殊ニ経済援助ヲ行ハムトスル精神趣旨等ノ徹底ヲ期スル為「プロパガンダ」」を実行する。また、「露人間ノ事情ヲ精探シテ之ヲ貴官ニ内報」することも行う。任務遂行には、派遣軍政務部や、シベリアの日本公館の指導監督を仰ぐようにすること。日露協会の支援を得ていると言わせるのはよいが、「右任務ハ全然民間ノ事業ナルコトヲ装ハシムル」ことが必要である。「我官辺トノ関係ハ厳ニ秘密ニ附スヘキモノ」である。彼らには、月あたり一、九六〇円もの工作資金が与えられることになっていた。(4)

だが、彼らの活動はなぜか等閑に付されていった。一九一八年十月に日本を離れた佐藤ら一行は、その後ひと月もウラジオストックで足止めを食わされ、「政務部へ出頭いたし候へ共一向注意を向けられず」にいた。しかも、具体的な行動プランを立てても何の音沙汰もなく、とりあえずニコリスク視察を命じられただけであった。佐藤はこれを、寺内内閣から原内閣への政権交替によるものではないかと考えていたようである。(5) しかし、本当のところは今の段階では不明である。この次に述べる(時期的には前後しているが)、ロシア正教会の日本人聖職者派遣工作がうまくいっていたことが、彼らの存在を軽視するようになった原因ではないかと推察できる程度である。一応、佐藤らに対する政務部から外務省への工作資金要請は、この後の一九一九年一月にも行われている。しかし、内田康哉外相は、とりあえずこれまでの資金は送金するが、「其後ノ分ハ実際ノ効果如何ニ依リ支出スヘキヤ否ヤヲ決スヘキ」と答えている。(6) 佐藤の側には、あまり明確な行動計画があったようには見えない。「其(宣伝―井竿)の手段として廉売店、施療所設置の必要を感じ居り候是非共小規模ながら其の実現を希望いたし居候」などとウラジオストックから書き送っていることでも分かるように、(7) 廉売や施療計画も、動き出したあとで考えついている。このことは派遣軍も政策決定者も一緒であったが、とはいえこのような計画も全く顧みられなかった。だが彼らはこの後にシベリア各地を視察した。そして日本軍の「村落焼棄」という、一つの村を住民ごと殲滅するというすさまじい作戦の跡を目撃することになるのである。(8)

佐藤がやろうとしていた、廉売と宣伝を合体させたスタイルのプロパガンダは、「日本正教会特派員」の手で実行されていた。ロシアで信仰されているロシア正教の、しかも日本人聖職者が、慈善事業というスタイルをもって宣伝・物資配布・情報収集の活動をしたのである。

この「日本正教会特派員」については、長縄光男氏の著作が触れている。(9) この著作が明らかにしたことをもとに、この宗教者派遣構想の登場と実行、そして位置付けについて考察したい。

シベリア出兵実行前後の時期、ロシア駐在の外交官であった、上田仙太郎モスクワ駐在総領事代理は、現地でスウェシニコフというロシア人から、「即チ出動ト同時ニ正教会ノ大僧正「チイホン」ヲシテ日本ノ決シテ露国民ノ敵ニアラサルコトヲ全国ノ門徒ニ訓諭セシムル」というプランを持ちかけられた。日露戦争の記憶があるため（しかもボリシェヴィキ政権はこの感情を煽ったという）、ロシア国民の対日感情はよくない。そのため、ボリシェヴィキ政権が忌避した宗教という側面を利用して、対日感情の緩和を図ろうというのであった。上田はこの提案を紹介した後、それならば正教会への財政的な支援をする必要があると訴えていた。この電報文には「要研究」「政務局長　特ニ注意シ終局ノ方策ヲ定ムヘシ（花押）」「大臣ヨリ研究スヘシト命セラレタリ」という書き込みがなされていた。この提案は、最初から外務省内で注目を引いていたことがよくわかる。[10] この電報の直後、後藤外相は菊池（ウラジオストック）・佐藤（ハルビン）総領事宛に電報を送った。そこには、「日本希臘正教会即チ「ニコライ」牧師四五名（何レモ露国ニ留学セルコトアル日本人ニシテ西比利亜各地牧師ニ知人多シ）烏蘇利及黒龍江鉄道沿線ニ出張滞留シ日本出兵ノ真意ヲ誤解セシメサル様露国人ニ宣伝シ併テ日露親善ノ機運ヲ助長セムトスル計画アリ」と書かれていた。[11] この電報は、ロシア正教会聖職者を利用することは、ロシアの皇帝との関わりで微妙である旨の懸念も添えられていた。上田にも「帝国政府ハ浦塩出兵ト共ニ全方面ニ正教僧侶ヲ派遣シ（政府トノ関係ハ極内密ニシアリ）我真意ノ在ル所ヲ露国民ニ宣伝シ誤解ナカラシムル計画ヲ有スル折柄貴電ノ趣ハ至極機宜ヲ得タル策ト思考スル」という返電が打たれた。[12] 二つの工作がほぼ同時期に出たのは偶然ではあるが、宗教を利用し、ロシアの東西から親日宣伝を行う工作が進行していたのである。ただ、「日本正教会特派員」派遣計画自体は、ここまででも分かるように、かなり周到な構想と準備があったようである。一九一八年八月八日には、三井道郎、森田亮、瀬沼恪三郎、石川喜三郎の四人が派遣されることが決定していた。この四人は日本のロシア正教会の歴史にとっていずれも重要な人物であった。内部資料に、このような人物を派遣することは「露国民衆ニ及ホス影響ハ決シテ尠少ニアラサルヘキヲ信ス」と書かれていたことに、人選への自信がうかがわれる。彼らには、一人八、三四〇円という、大変高額の資金が与えられることが決まった。(13)

現地外交官は、外務省のこの政策を支持した。佐藤尚武ハルビン総領事は、聖職者派遣計画は「至極結構ト信ズ」と書いた。佐藤はかつて、一九一四年に「日本赤十字社救護班」がロシアへ派遣されたとき、同行の事務員に聖職者がいて、歓迎されたという例をひいて「成功疑無シ」とまで主張していた。後藤が懸念していた、皇帝との関係は心配ない、と佐藤は述べ、あわせて、満洲里への派遣拡大、またロシア人に配布する印刷物を作るべきである、と書き添えていた。(14) ウラジオストックにいた菊池義郎総領事は、皇帝についての懸念については、「牧師カ宣伝ノ際該皇室ニ言及スルヲ避ケ其他之ニ関連シ誤解ヲ起サザル様」注意すればよいと意見を述べた。その上で「本計画ヲ朝鮮人懐柔ニ利用セバ比較的容易ニ相当ノ効果ヲ挙ゲ得ベシト思考ス」と提案している。(15)

派遣されることになった四人には、「心得書」が与えられ、この文書とほぼ同じ内容の「申し合わせ書」を彼らが作った形式が取られた。このような回りくどい体裁が取られているのには、この「心得書」が外部に流出する危険性を考慮して、手交することに反対した内部意見があったためであると考えられる。この「心得書」は以下の八項目からなっていた。

一、特派員は、司教の命で正教会と教徒の慰問をしていると標榜すること。「政府トノ関係ハ絶対ニ秘密ニスルコト」。演説では、ロシアの皇室については「誤解ヲ招クノ虞アルニヨリ」触れてはならない。

二、特派員は、できるだけ広範囲に活動すること。危険な試みまではしなくてもよいが、「必スシモ日本軍若ハ聯合軍ノ勢力地域ニノミ其行動ヲ局限スルコトナク」訪問すること。

三、特派員は、ウラジオストックを拠点としてウスリー・沿海州地域をいくグループと、ハルビンを拠点にした、満洲里・アムール鉄道沿線を回るグループに分ける。

四、訪問期間は一九一八年十二月まで。そのあとは帰国して結果を報告すること。

五、「政府ノ参考トナルベキ報情」は、随時領事や派遣軍の政務部経由で外務省に報告すること。

六、旅費、ロシア人を使役した経費などは随時ハルビン・ウラジオストックの総領事へ申し出ること。

七、旅行したときの「其所在及趣旨宣伝ノ状況」は、随時ハルビン・ウラジオストックの総領事へ報告すること。

八、シベリア地域で不足している必需品の供給などについては、臨時西比利亜経済援助委員会と連絡を取ること。医療で、住民が希望しているものがあれば、経済援助委員会・内務省・赤十字社、あるいは民間の医師などに「適当ノ措置ヲ講セシムル必要」があるので、随時外務省に協議されたい。

以上のような、大変きめの細かい指示が、四人の聖職者たちには与えられていた。医療や物資供給についても、必要な情報の収集が命じられていることでも分かるように、彼らの行動は、後藤の構想したロシア援助(第一章参照)の実現に寄与するところがあると考えられていたようである。[16] 八月二十二日、幣原喜重郎外務次官の名前で、陸軍次官宛に、陸軍の協力を求める文書が出された。そこには、聖職者の派遣目的が「帝国出兵ノ趣旨ヲ西比利亜地方露国民衆間ニ徹底セシムルト同時ニ敵国側ノ「プロパガンダ」ヲシテ乗スルノ様ナカラシムルタメ」であると明確に記されていた。ここでも「右特派員ト政府トノ関係外間ニ洩ルルニ於テハ全然所期ノ目的ヲ達シ得サル次第ニ付其点特ニ御注意」と、正体の秘匿を厳重に要求していた。[17] 外務省と陸軍による援助と保護を予め約束された四人の聖職者は、三井・石川がハルビンから、瀬沼・森田がウラジオストックから出発した。日本人の信徒に対しては、正教会の機関紙『正教時報』が逐一彼らの手記を掲載した。彼らに関する最初の記事には、四人の聖職者は「或る機関を通じて経済的救拯を為すが為に」派遣される、という意味深長な文章が書かれていた。[18]

彼らは、ロシア人向けメッセージの入ったビラを持って行った。「我親善ナル同盟ノ露西亜国民、基督ニ於ケル兄弟諸君ニ告グ」という書き出しで始まるビラは、特派員の目的を、

① 食料品などの不足状況を調査し、日本人からの援助を受けられるように尽力する
② 革命で荒廃した医療事情を調査し、急を要するものは日本の有志や関係者に実行を訴える
③ 以上のこと以外で、実際にロシア人民衆がうけている苦痛に対し、救援が必要なものについて「逐一本国ノ同胞ノ義心ニ訴ヘ適当ノ施設ヲ試ミン」

であると言明した。

このビラは、日本の出兵はロシアへの侵略ではないことを強調していた。最後には「我等ヲ誤解スル勿レ我等モ亦永久的平和正義ノ太陽ノ一日モ早ク上ランコトヲ熱望スルモノナリ」とまで書いて、日本人への疑念を払拭しようとしていたのである。日本人がこのような事業をすること自体に、日本政府の政治的野心が見え隠れすることに気がついていたのである。[19] 三井・石川組の報告書には、このビラをどのように使ったかが記されている。ハルビンでは、教会に集まっている大勢の信徒に対し、この教会のロシア人聖職者がビラを朗読するという形で宣伝が行わ

れた。満洲里では、ビラを現地のロシア人聖職者に直接配布してもらっている。[20] 日本人聖職者が前面に出るのではなく、あくまで現地の聖職者が日本の出兵の趣旨を宣伝するというスタイルが取られることによって、日本の工作の色彩を薄める配慮が払われていることが分かる。

特派員たち自身も、物資の配布や廉売を実行した。単に演説をしたり、ビラを撒いたりするだけではなく、物資の供給で住民の現実的な信頼をかちえようとした。この事業には、日本政府・現地軍・ロシア在住の日本人商人の協力を得ていた。三井・石川組の書類には、この廉売のことについて細かく記されている。三井が書いている、シベリアで当時不足していたものとは、「木綿織物類（白カナキヌ、テンジク、メンネル類何にても）、メリヤス類、靴下、手袋、タオル、手巾、歯磨楊枝、燐寸、鉛筆、紙類（何にても）、ペン先、インク、毛刷、靴墨、靴類、カタン糸、針、ピン、ボタン類、其他小《マヽ》供の学校用品一切、石油、羅紗、毛糸物、砂糖（ザラメ）、茶等にて先つ日用品一切」であった。およそ物が手に入らない状態と言っていい。この現状に対して物資供給を行う、というのである。ここで三井は東京に対して、次のような提案をしていた。「露国商人は其地方の物資欠乏を利して、一般人民に暴利を貪りて販売し、人民を苦しむる憂ひ」があるので、ロシア人の商人に物資を売らせてはならない。救援物資は、日本人商人(ここにも、悪質な商人の取締りを要請している)から当該地域の公共団体や購買組合に売却し、住民に安価で供給すべきである。自分は「日本よりは物資の直に到着す可きを言明して」シベリア各地をまわったので、至急物資を供給してほしい。教会のほうも物資供給事業を行う予定なので、よろしく取り計らってほしい。このような内容であった。[21]

ところが、日本からの援助物資はすぐに届かなかった。ハルビンの三井たちのグループは、佐藤総領事に相談し、佐藤と、現地軍の兵站司令官の奔走で軍用貨車を借りうけた。この事業は「対露物資援助会」なる組織が実行していることになっていた。日本人正教会信徒の商人、戸田仁蔵と高橋義夫が、「対露物資援助会」代理部という名義で、ハルビンで四万円分もの物資を買い集めた。こうやって集めた貨車二台分の物資を、一九一八年九月二十七日シベリアへ向けて発送したのである。(22) この後、三井・石川組はイルクーツクへ行き、臨時西比利亜経済援助委員会の委託を受けて廉売を実行した。内実は「約十二万七千四百円ニ相当スル食料品、被服、日用品及薬品類十種」であったという。(23)

概ね、彼らは自らの活動を成功したものと考えていたようである。しかし、彼らもやはり、ロシア人からの疑問をつきつけられることがあった。三井・石川組は、報告書で、「我日本軍ノ西伯利出動ニ関シテ、当地在住ノ一二貴婦人カ日本出兵ノ真意ヲ深ク疑ヒ、我等ノ説明ヲ反駁セントスル」という事件に直面した。(24) 瀬沼・森田組は、ウラジオストックで「聯合国ハ専ラ資産階級ヲ援助スルノミ、我等ハ之レカ為ニ職ヲ奪ハレ、業ヲ失ヒ大ニ困難シツツアリ」「聯合軍ハ何ノ為ニ来リシヤ、独逸人ト戦フ為カ、当地方ニハ独逸人モ「マヂヤル」人モ全クナシ、浦潮斯徳ニ守備隊ヲ置ク必要ナシ」と主張するロシア人と対峙することになった。このロシア人はボリシェヴィキの影響を受けているのだと考え、説得しようと試みた彼らは、「若シ尚ホ論争ヲ継続センニハ、腕力ニモ訴ヘザルヲ保セズ」という相手の迫力に押されて退散せざるを得なかった。(25)

宣伝工作は、他人の手を借りず、派遣軍自身が行っていくこともあった。一九一八年九月六日付で、大谷総司令官名義で、「祖国ヲ愛スル露国人士ニ告ク」というビラが散布された。(26) このビラは、連合軍への協力を訴える内容であった。そこには、連合軍はチェコ軍救援と、ロシアの復興のために来ている、「従テ其敵トスル者ハ唯武装セル独墺俘虜ノミ何ソ露国人民ニ対シ一点敵意ヲ有セン」と書かれていた。満洲里にあり、セミョーノフ軍を支援する作戦をしていた第七師団は、一九一八年九月七日付で中国語とロシア語で布告を発した。ロシア人向けの布告には、日本軍は「独墺俘虜軍並赤軍ノ為メ各所ニ避難流離セル憐憫無辜ノ民ヲ救ウテ各其生業ニ安セシメ以テ露国ノ安寧秩序ヲ保持セシメントノ篤キ聖慮」のためにシベリアに出兵した、「我軍ハ実ニ露国良民ノ救世主」であると宣言されていた。「赤軍」が明確にここでは敵と言明されていることに注意されたい。しかし、ロシア人を救うために来たということはここでも言われていた。[27]

ビラをまくだけではなく、ビラで呼びかけて物資を配布する作業も行った。一九一九年六月には、アムール州で次のようなことが行われた。まず大井成元十二師団長と平塚晴俊ブラゴベシチェンスク日本副領事の名義で、一つの布告文が発せられた。布告はビラにして配布され、さらに現地の新聞に載せられた。「諸君ノ親友ナル」大井と平塚の名前で出された布告は、ロシアの農民が「正義人道ヲ無視スル人ノ毒手ニ罹リ」苦しんできた、という。そして「日本政府ハ是等無辜ノ良民ヲ暴徒ノ毒手ヨリ救ハムトシ」、ロシアに出兵したのであると述べた。このことは重ねて書かれ、「日本軍カ州内良民ノ味方ニシテ一意諸君ノ幸福安寧ヲ顧念シ他ニ何等野心無キ」ことは明らかであるとも言っている(ここに、一九一九年四月十日にも、大井が布告を発したことが明らかになっている)。そこで、住民に対して、「無量ノ同情ヲ惜マス常ニ正義人道ヲ尊重スル」日本政府の手によって、今回医療援助と医薬品供給、廉売をする。「戦禍ニ苦ミタル農民ヨ暴徒ニ強掠セラレタル無辜ノ良民ヨ、来リテ諸君ノ兄弟国タル日本政府ノ一掬ノ涙ヲ受ケヨ」という文章でこの呼びかけは結ばれていた。この布告によって、二、〇〇〇人のロシア人住民が集まったので、救援物資の供給を行った後、日本の出兵の意義や「過激派討伐」などについて、地域の有力者に布告を発した二人が説明を行った。[28] 派遣軍自体が、政務部長名で孤児院へ寄付を行ったり、[29] 一九一八年のクリスマスにはシベリア・満州までを含めた広大な地域で、ロシア人の児童にクリスマス・プレゼントを贈るということさえ行われた。会場では、福引形式で日本製の玩具・文房具、ハルビンで集めた菓子が配られた。このプレゼントには「日本政府ノ組織セル西比利亜経済援助委員会ヨリノ「クリスマス」贈物」というロシア語のラベルが貼られた。またその地域での派遣軍の責任者が、プレゼントは「日本の天皇からの贈り物」であることを説明してきかせたりもしている。一部地域でのこの事業には、前述の「正教会特派員」が協力した。[30]

プロパガンダ作戦に関しては、一九一九年、衆議院議員頭本元貞を長とした「弘報局」が派遣軍の機関として発足した。宣伝方法も、単に布告文を配るなどの手段から、現地の新聞を買収したり、新規に新聞を創刊するといったもの、パンフレットの配布、ボリシェヴィキが残虐であることを示す写真展(既にボリシェヴィキが「敵」とみなされていることは注目すべきである)の開催などが行われた。[31] 言語普及のため、日本人がロシア語を、ロシア人が日本語を学ぶための「日露協会学校」の創設も構想された。この学校は、結果として日本人にロシア語を教育する組織として一九二〇年、ハルビンに作られた。この学校には政府の補助がなされ、長期的な視点に立った対ロシア政策の一環として実行された。[32]

廉売を東京の政府が好まなかったことは前述した通りであるが、日本製品の販路拡大は望まれることであった。そこで、現地の商人を統轄する組織「日露購買組合」が一九二〇年に組織され、この団体に政府から補助金が交付された。[33]

以上のように、親日宣伝と、物資の供給などの事業は、当初は一時的な民衆慰撫策と考えられていた。ところがこの役割のかなりの大きさが、現地で認識されていくに至る。宗教団体、怪しげな「民間人」などと、現地軍、在外公館、「臨時西比利亜経済援助委員会」が連繫し協力するという体制が作られていった。そして、日本はロシアを敵とするものではない、というメッセージを、多種多様な手段によってロシア人住民に発していくことになった。

だが、どうして日本はここまで力を入れてプロパガンダ工作を実行しなければならなかったのか。戦争で敵国民衆に対して一時的な慰撫策を取ることはありえた。日清戦争当時から、占領地の民衆に炊き出しなどを行っている。だが、シベリア出兵の場合、ロシアを敵としないロシアとの戦争、という、出発点が非常に混乱した戦争であった。さきに、大谷喜久蔵派遣軍司令官が、上原勇作参謀総長に宛てた文書を紹介した。その中には、「若シ我救済事業ニシテ忽諸ニ附セラレンカ米国ヲシテ独リ救済ノ美名ヲ擅ニセシムルニ至ルヘキ」という言葉があった。ロシア人住民に対する「救済」をいいかげんに実行すると、アメリカとの競争に負けると言っているのである。このような認識を持つことになった理由がよくわかるのが、次にあげる対ロシア医療援護事業である。他国との援助競争という性格が露骨に現れた、この事業の実行までの結果と、実行された後の状況を見ていきたい。

二　シベリアにおける日本の医療援護事業

シベリアにおいて、物資配布とともに行われた事業の中に、医療援護、当時の言葉では「施療」が行われた。場合によっては、家庭用医薬品の配布なども行われていたようである。この実行主体は、派遣軍の病院、そして日本赤十字社の派遣団であった。廉売をやろうとしなかった日本政府も、医療援護はやめるとはいわなかった。ところが、この事業も出兵後になってはじめて具体化するのである。第一章で、後藤新平が医療・食料援助を行うべきことを説いていたことが、いかにこの当時の帝国主義的政策としては先見性を持っていたかが分かる。ところが、これに対応した政策は立てられていたわけではなかった。確かに、出兵前夜の一九一八年七月、日本赤十字社派遣団はロシアに派遣されている。これは総勢一〇六人という大派遣団であったが、あくまで、「露領東部西比利亜ニ於ケル聯合與国傷病者救護ノ為」に派遣されるものであった。(34)

むろん、シベリアの現地にいた日本外交官の中には、この派遣された赤十字スタッフを現地での医療事業に流用することを進言したものがあった。一九一八年八月七日、齊々哈爾駐在の佐々木静吾副領事は、セミョーノフ軍とボリシェヴィキ軍との戦闘から逃れてきた「多数ノ露人及「ブリヤート」人等ニ対シ同情ヲ表スル一手段トシテ無料施療所ヲ設クル」ことを提案した。これは、派遣団の中から、医師一人、看護人三人を使い、衛生車に乗せて、医療物資とともに派遣し、避難民の医療に当たるというものだった。この医療援護事業は「比較的少ナキ経費ニテ効果多キコトト信セラルル」ものであるという意見が付してあった[35]。これから寒冷期を迎えるシベリアで、病人が増えていく中では、医療スタッフの派遣には意味があったのである。この提言は、外務省では意味のあるものとして取り上げられた。八月十二日、幣原喜重郎外務次官は、陸海軍次官に対して、佐々木の言う「無料救療所は少額の経費で効果大」ということを言い添えた上で、実行上の問題点などが分からないので、「貴省ノ御見込ニヨリ日本赤十字社ヘ可然御交渉」を願いたいというものであった[36]。

ところが、陸軍側はこの提案に対して冷淡な態度を取った。八月二十日の回答文には「人道上同情致居候モ差向実行困難ノ状況」と書いてあった。しかも陸軍側の文書には「元来救護班ハチェク軍傷病者救護ノ為同社ヨリ派遣セルモノニシテ今陸軍ニ於テ給与其他ヲ担任シ得ス又陸軍ノ上記勤務ヲ目下幇助シアルモノニアラサルヲ以テ陸軍ノ意志ヲ以テ動カスヘカラス」と、非常に官僚主義的な文章が記された付箋が残っている[37]。

しかし、出兵後、東京の政府部内では、ロシアに対して、日本製医薬品のうち、売薬を供与しようという構想が持ちあがった。一九一八年十月十八日、原内閣の内田外相は、松平恒雄派遣軍政務部長に対して、「露国窮民救恤ノ目的ヲ以テ仁丹其他本邦売薬施与ノ議アル処右必要ノ有無並ニ必要アリトセハ所要概数至急回電アレ尚右売薬ノ施与カ官民ニ及スヘキ影響等ニツキテモ意見開申アレ」という電報を送った[38]。この提案に対して、松平および、シベリアにいた外交官らは次のような回答を寄せている[39]。

［松平政務部長］ ロシアには厳しい売薬規則があって、売薬の輸入には強い反対がある。「露国ガ混乱セル今日ノ状態ニ在リテ施薬ト称シ仁丹其他之ニ類スル売薬ノ輸入広告ヲ計ルハ一般知識階級ノ反対ヲ惹起スル懸念アルニ付」見合わせたほうがよい。

［佐々木齊々哈爾総領事］ 「「ザバイカル」方面ノ窮民ハ刻々襲来シツツアル飢ト寒気ヨリ如何ニシテ救援スヘキカヲ考究スルヲ以テ刻下ノ急務トス」。仁丹のような清涼剤を配布するのは、第二義的なものである。日本の売薬業者が活動したければ、実情を視察すべきである。「露人ハ支那人ト同一視スヘカラサルモノアリト思考ス」。

［佐藤ハルビン総領事］ 仁丹はロシア人には合わない。タカジアスターゼのような売薬ならば需要はあるかもしれないが、どの程度かは分からない。医学上効果があるような薬でも、ロシア語の説明がなければ配布しても意味がない。このような対策を取ったうえで「真価アル薬品ヲ施与スルハ差支ナキノミナラズ官民ノ歓迎スル所ナル可シト思ハル」。

佐々木の強い調子は、さきに提案した避難民に対する医療援護が陸軍の反対で握りつぶされたことへの抗議もあるかもしれない。佐々木はこの後、十月二十七日に、ザバイカル地方の医薬品欠乏が著しく、「「チタ」市ニテハ街上赤十字ノ腕章ヲ附セル医官ヲ見ルヤ之レヲ道ニ要シテ患者ノ診療ヲ請フモノ多キ」状況である、という藤井第七師団長の情報を伝えた。ところが日本軍は内服薬を持っていないので、施療にあたれない。「「チェック」軍ノ進発ニ依リ其任務ヲ終了シタリト考ヘラルル在浦塩赤十字社救護班ヲ「ザバイカル」方面ヘ前進セシメ各地ニ救護所ヲ設置セラルルハ最モ機宜ノ処置ト思考ス」と、再び赤十字社派遣団の流用を求める電報を送った。(40)

佐々木が上記の電報を送った翌日、松平政務部長も長文の稟議書を送り、シベリアでの施療、施薬を実行する計画を提起した。(41)この文書は、ロシアの医療状況が悪化しているため、「此際施療施薬ニ依ル救済ハ焦眉ノ急ヲ告ケ居ルコトハ木村書記官帰朝ノ際経済援助委員会委員長目賀田男爵ニ親シク報告」し、至急実施を求めたはずである、という書き出しで始まっている。しかも、気候悪化のため、医療援助が至急求められる、と書いていた。そして、医療援護事業を始めたら「露国民ノ帝国ニ対スル好感ヲ惹起シ万事ニ好影響ヲ及ホスヘキハ明白ニシテ充分好果ヲ齎スコトト信候」と主張した。

松平の提案は、「施療施薬実行計画」という計画書を付した詳細なものであった。この計画は、次のようになっていた。

［実行機関］　主要都市では赤十字社の病院、軍医部。必要に応じて、主要な停車場に新設する。「之カ為ニハ特ニ内地ヨリ漸次医師ノ派遣ヲ要ス」。そして、赤十字や軍医部の施療所。

補助機関として、各都市・主要な村落には、そこに在留する日本人医師。主要都市にたくさんの医師がいる場合は、「各地ニ分置ノコトヲ勧奨ス」。新しく日本国内から来る医師があれば使う。「当分ノ内　赤十字社病院又ハ軍医部附属又ハ委託施療所タル名称看板ヲ用ユルコトヲ許スヘシ」。施療などについては、赤十字病院、軍医部の指揮監督を受ける。

［施療の方法］　ロシア側の官憲に「施療券」を交付する。ロシア側当局はこれを住民に分配する。このチケットに対して、病院・医師は施療や施薬をする。在留している日本人医師には、「施療券一枚毎ニ約一円位」の支払いをする。施療で使う医薬品には、赤十字病院や軍医部に対しては、政府・赤十字社から提供する。日本人医師の施療所に対しては、「実費ヲ以テ医薬ノ分配ニ付便宜ヲ与フルコト」。日本薬局方で指定されていないが、特定の効能を持っていて、医薬用に供することのできる売薬も用いる。

［経費］　赤十字社病院・軍医部には、施療費が臨時事件費より支出されること。「尤モ特ニ近キ将来ニ西比利亜施療機関ヲ新設セラルル御方針ナラハ右ノ経費中ヨリ臨機支出スルコト」。補助機関に関しては、アムール州・沿海州・ザバイカル州で月に五、〇〇〇人の施療を行うものとすれば、月五、〇〇〇円程度の概算であろう。

松平は、最後に追記として、「既ニ各師団附属軍医部ニ於テハ露国人ノ施療ヲ実行致居候」と書き添えていた。東京では体系的な医療援護の立案すらできていない段階で、現地軍は既に必要に迫られてロシア人住民への医療援助を始めていた。第十二師団は、一九一八年十月九日、「露国人患者救済規定」「慈恵医院業務規定」という規定を作り、師団の病院を開放してロシア人住民へ無償医療を行っていた。[42]これを追いかけるように、陸軍省軍事課は、一九一八年十一月十四日、以下のような対ロシア人医療の原則を定めた。[43]

一、　陸軍省ハ西伯利経済援助委員会ヨリ救済事業ノ委託ヲ受ク

二、救済ノ業務ハ陸軍大臣ノ監督ヲ承ケ師団長若ハ兵站監之ヲ統轄ス
三、救済ニ任スルモノハ衛生部隊、部隊附衛生部員トス
四、主トシテ下級露民ニ対シ施療ヲ行フ
五、露人医師ニハ所要ノ衛生材料ヲ供給シテ営業ヲ継続セシム
六、所要費用ハ西伯利経済援助委員会ノ支弁トス其ノ所要年額概算約金二十万円トス

陸軍はかつて赤十字社の派遣団の転用に対して、「組織が違う」と突き放したが、ここに来て政策を転換し、自らも正式に医療援護事業に乗り出したのである。

陸軍側が、末端からの動きで政策転換をした理由は、おそらく「共同出兵」の相手アメリカの動きにあった。松平政務部長は、内田外相に対して、一九一八年十二月四日に報告書を送った。これはアメリカ赤十字社のシベリアでの人道事業に関するものであった。そこには、医療用品(ロシア側地方当局が要請した外科用の用品もあったという)供給、避難民への物資供給、伝染病(肺結核やチフス)の撲滅作戦、児童(一、〇〇〇人ほど)の保護と防寒用衣服の供給などの、大規模かつきめこまかい行動が記されていた。日本側は、ようやく陸軍側が医療援護の方針を定めた程度であったことを考えると、かなりの出遅れであった[44]。

アメリカ赤十字社の行動に関する報告が送られた同日、外務省ではようやく医療援護事業の予算の出所への問い合わせがなされた。前章で、寺内内閣時代に、物資供給のために二〇〇万円の予算をつけたことを述べたが、医療に使う薬剤をこの費用から購入してシベリアに送ろう、という方法であった。このような費用の転用には、「将来ノ方針トシテハ特別ノ事情ナキ限リ物資ノ救恤ハ行ハザルコト」、「猶物資ノ廉売ヲ継続スルニ於テハ在西商人ノ受

クル打撃甚大」という、生活物資供給打ち切りへの意向という意識があった。廉売や物資配布などを中止すれば、予算が浮くであろうから、それを医療援護事業に使おうというのである。[45] 陸軍側は、戦争が終了しても施療・物資供給双方を行うべきであると考えていた(前章第三節参照)から、外務省との意識にはギャップがあった。

この段階、すなわち一九一八年末にようやく、日本側の対シベリア医療援助体制ができあがる。資金は「臨時西比利亜経済援助委員会」が支出する。この資金で購入した医療物資を、日本赤十字社が物品の分配を担当する。そして、現地にいる赤十字・派遣軍の軍医が医療行為を担当する、という体制である。ただ、在留邦人の医師までを動員することはできなかった。

日本の医療設備には、大量のロシア人住民が無償の医療を受けようとしてやってきた。第十二師団の開設した四ヵ所の「慈恵医院」の報告書が残っている。ここには、「一般ニ我博愛慈恵ノ真意ヲ了解シ我軍医ノ技倆ヲ信頼シ喜ンテ診療ヲ請フモノ日ニ益々多キヲ加ヘ中ニハ数里ヲ隔ツル田舎ヨリ未明ニ家ヲ出テ馬車ニテ病院ヲ訪フモノアリ稀ニハ遠ク数十里ノ地ヨリ態々馬車或ハ汽車ノ便ニヨリテ来ルモノアリテ」、一九一八年十一月末までに一、七三六人の患者が来た、と書いている。[46] 十二師団に召集されていた一人の医師が日記を残しているが、ここには、「午前午後ニ通ジテ露ス(差別語だが、原文ママ)ノ外来者来ルハ来ルハ」という病院の盛況が書かれている。[47]

だが、陸軍側は、確かに感謝するロシア人もいるが、そうではない者もいる、と考えていた。「繁劇ナル業務ノ余暇ヲ利用シ特ニ恩典ヲ以テ」やっているのに、「只斯ル施療機関カ突然実現セルカ故ニ之ニ赴クヲ便ナリト思フモノ」や「公示セル救済機関ニ到リ治療ヲ受クルハ当然ナリト思フモノ」がいるようだと史料に書き残している。ありがたがっていないのでは、宣伝の意味がないのである。それでも、事業を開始した以上は「彼等感想ノ那辺ニアルヲ問ハス出来得ル限リ徹底的ニ業務ヲ遂行」しなければならない、と報告書は記している。さらに、眼科、耳鼻咽喉科、産婦人科の器材を必要とする、と主張している。軍隊で元来必要ないはずの産婦人科の器材要請までするところに、実行した陸軍側の事業拡大への意志が見える。[48] ロシア人の中に、医療行為をさほど感謝しなかった者がいたことに対する不満は、後のプロレタリア作家黒島傳治の日記にもある。[49] だが、感謝されないならばやめる、ということはもうできない状況だった。第十二師団の「慈恵医院」の患者数は、設置された一九一八年十月一、四五二人に対し、十一月七、四〇八人という激増ぶりであった。[50] 一九一九年二月現在で、日本軍の派遣されている地域で、無償医療にかかった者は外来患者だけで延べ五万八、七四八人にもなっていた。[51] 医療援護事業は、さまざまな形で行われた。関東兵站軍医部は、一九一九年一月二十一日、ハルビンで「施療施薬所」を開設した。ここには赤十字旗と日の丸の旗が掲げられ、日露戦争のときに鹵獲した薬品(十年以上も経過しているのだが)を用いて活動を行った。また、セミョーノフ軍の支配地域では、日本軍の医療援護をやっていない地域で、セミョーノフ軍の中にいた日本人が「専ラセミョーノフノ名ヲ以テ我軍ノ施設ト重複セサル如ク」医療援護事業を行った。[52] また、ウラジオストックには一九一九年に「一番川施療所」が作られた。これは在ロシア朝鮮人住民を懐柔するための医療施設であった。[53]

単に日本の医師が医療行為を行うだけではなく、ロシアの地方当局や、ロシア側の赤十字に対して医療用物資を供給することもやるようになった。衛生材料や医薬品、そして予防注射の注射液が供与された。例えば一九一九年九月には、コレラの予防注射液二万人分が贈られた。この予防注射液には、「臨時西比利亜経済援助委員会から贈られたもの」であることを宣伝すべき旨指示があった。[54]

しかし、アメリカが展開している、とされた大規模な援護事業は、すさまじいものとして日本側に映っていた。一九一九年三月、アメリカの遂行している対ロシア人道援助事業を調査した冊子が出た。調査者は、外務省西比利亜経済援助部である。そこには、ありとあらゆる活動(疑わしいものもある)が記されていた。モスクワにはまず宣伝のための中央機関が置かれている、とされた。そして連合軍の活動を記録するために「活動写真技手ヲ一行中ニ加ヘ連合軍ノ活動振ヲ写シテ之ヲ西比利亜ノ奥地ニ到ル迄観覧セシメ」ていた。当時新しいメディアであった、映画を既に利用していたのである。アメリカ側は、さらにアメリカ人の学者による講演開催、そして週刊誌の発行まで行っていると書かれていた。

人道援助領域では、赤十字、YMCAの活動も含まれていた。もともとアメリカからの日本への出兵提議に、技術者などの派遣もする旨は通告されていた。アメリカ赤十字は、病院のみならず、避難民への衣服供給から職業斡旋までやっていた。アメリカYMCAは、「日本兵士ノ購買ニ便センカ為日本人ヲ使用セルコトト購入貨幣ニ随意ノ通貨ヲ以テスルヲ得ルコト」のできる列車を持ち、日本軍への便宜供与すら行っていた。彼らの持つ列車には、娯楽設備や冬季の入浴まで可能なものまであった。これで彼らは出兵各国軍隊への慰問活動を行っていた。その他、都市での学術講演会、日本語を含む外国語教室の開講、軍隊用慰問品としてのビスケットの現地生産と配布など、広範囲にわたり、細部までゆきとどいた援助活動である。[55] 一九二〇年二月に、ハルビンでアメリカYMCA映画上映会に招かれた派遣軍の通訳竹山安太郎は、「此間米国青年会職員達の此等観客の間に伍して、その周旋する様、その歓待振りの巧妙さには私は唯感嘆措く能はざるものがあつた。此等米国人のその外交振り、その人心収攬振りの妙技は私は之を羨まざるを得なかつた」と、ひたすら感心している。[56] アメリカの対ロシア人道戦略には、のちにボリシェヴィキの革命輸出を防止するための食料援助構想が知られている。[57] このような構想が出る前から、アメリカ側の非軍事的領域での対ロシア戦略は実行されていたのである。

日本は、シベリアへ向けてアメリカと共同出兵をした。そしてその瞬間から、ボリシェヴィキ軍との軍事的対決で勝利する、というだけではなく、軍隊を駐屯させた地域の住民に支持を受けなければならないという課題に直面した。しかも自国独りだけでなく、「共同出兵」をやっている国も、自国への支持を含めて多彩な政策を展開するため、常に軍事的な敵と、派遣国相互間での競争との双方に悩まされなければならなかった。新渡戸稲造は、シベリア出兵が始まったとき、雑誌に「善事を行ふに力を比らべ、世界の不毛地を拓くに争ふ、疲憊せる衆生を済ふに先を争ふ、これが真に文明的戦争であって、今日まで斯の如き戦争を開始する時代は到来してゐなかったが、幸にも西伯利に其端緒を開かんとするに当り、最も手近にある我々が、彼地の風土人情、歴史、富源、其他万般に渉りて正しき理解を以てこの国際的の大事業に参加するは、我国民の発展に新しい時代を画するものであらう」と書いた。[58] この文章にある、「文明的戦争」は単なる出兵を美化する言葉ではなかったことを、派遣軍や現地外交官は思い知らされることになった。「米国ヲシテ独リ救済ノ美名ヲ擅ニセシムル」というのは、明確な危機だったのである。

だが、ここに問題が生じ始めた。「新しき救世軍」という言葉はついているが、軍隊は軍事行動をするために来ていたのである。真の目的は、ボリシェヴィキ軍と戦って勝利することであった。また、連合国間の駆け引きで国際的に有利な地位を占めていくことだった。大義名分として、「チェコ軍救援」のために、それを妨害する敵（＝ドイツ・オーストリア）の勢力と戦う、という第一次世界大戦の枠組みが使われていたが、現実にチェコ軍と戦っていたのはボリシェヴィキである。そのため、「敵ではない」と宣言したロシアで、ロシアの武装勢力であるボリシェヴィキと戦うということになってしまった。

しかも、日本軍においては、出兵の大義が分かっているわけでは必ずしもなかった。また、動員されてきた兵士もそれほど士気が高かったり、規律正しい兵士でもなかった。そのため、上陸直後から、ロシアで日本軍はトラブルを起こしつづけたのである。公式に宣布され、連合軍が見ているところで展開されたこれまでの事業とは違う領域が、確かに存在した。本章では、最後にこの問題を見ていかなければならない。この理念的な部分(偽善的、と言いきることもできようが)と現実的な部分でのずれときしみを見ていくことは、シベリア出兵の今後の動きを見ていくのに重要な手掛かりだからである。

三　「新しき救世軍」将兵の実態

前章で、シベリア出兵に動員された兵士に、著しい規律の弛緩が生じていたことを述べた。また、出兵で公式に唱えられた「チェコ軍救援」と「ロシアは敵国ではない」ということが、末端に至るにしたがって消えていく過程を明らかにした。このことが、シベリア出兵に参加していた将兵にとって、どのような行動を生み出したか。また、シベリア出兵がこの後どのような問題を抱えていくかを、ここでは明らかにしていきたい。先行研究としては、藤村道生氏が、『西伯利出兵憲兵史』を用いて、この問題に対する考察を試みている。ここでは、防衛研究所に所蔵されている十二師団七十二連隊の陣中日誌や、その他の史料を用いて、この問題について検討をしていきたい(59)。派遣軍の幹部たちは、それなりに兵士の問題について対応をしていたのだが、これが構造的な理由で有効な対応にならなかったことまで明らかにしなければならないからである。

シベリア出兵で、日本軍が上陸したときの光景は、同行していた新聞記者が記録していた。『福岡日日新聞』の従軍特派員であった黒田静男もその一人であった。彼は、一九一八年八月十五日に書いた(掲載は後日)記事で、「露人の対外感情にも甲乙がある」と書いた。フランス軍が上陸したときは住民が万歳を叫びハンカチや帽子を振っ

捕虜になったボリシェヴィキ軍の兵士。
「独墺軍及過激派軍」と説明されている。
（当時の絵はがきより）

たといわれるのに、日本軍上陸の際は「寂寥の感」があった。「露人は驚異の目を瞠るだけでハンケチ打ち振る佳人もなかった」と、その情景を記している[60]。この記事にも、日本軍の労役要求を、ロシア人が拒否しているらしいということが書かれていたが、これは事実であった。一九一八年八月、戦闘に使うための装甲列車を製造するために、日本軍はウラジオストックの工場でロシア人労働者を利用しようとした。ところが、「我軍ニ反感ヲ有シ遂ニ一名モ出場セサリシカ為」日本海軍の協力を得なければならなかった[61]。黒田静男は、アメリカ軍の近くで演説をしているロシア人に近づこうとして、次のような体験をした。「群集の一名が「日本人だ」と囁いた。するとデマゴーゲンの一隊は急に沈黙した。中心点を失った群集は解体されて了った。記者は一種異様な気持ちに支配されずにはゐられなくなった[62]」。ロシア人が日本軍のみならず日本人に見せた反応には、明らかに十年あまり前の日露戦争の記憶があったはずである。かつて、はじめてイギリスからシベリア出兵の提起があった際、珍田捨巳駐英大使は「何分十年前迄ハ敵対ノ間柄ナリシ事故如何ニ善良ノ企画ヲ以テスルモ我方ノ出兵ニ対シテハ露人ノ誤解ハ事実免レ難キ」と述べて、出兵を躊躇する態度を見せたことがあった[63]。日露戦争の記憶は、排除されてはならないものであった。ロシアは敵でないことを周知徹底させようとしたことは、この問題とかかわりがあるかもしれない。

ところが、日本軍兵士の側は、「ロシアとの戦争」という感覚で行動していた。『西伯利出兵憲兵史』は、軍事作戦が急展開していたため、「従テ兵卒等ノ軽微ナル不正ノ徴発ハ之ヲ観過シテ強テ追究スル能ハサルノ情態」にあったことを認めている。これが改められるのは、一九一八年九月のハバロフスク占領以後であった[64]。

十二師団七十二連隊の陣中日誌は、兵士の行動と、これに対する幹部の対応を活写している良い史料である。この陣中日誌の記述を中心にして、シベリア出兵日本軍の行動と対応を明らかにしていきたい。

一九一八年九月一日、田所成恭連隊長は、派遣軍司令部で命令を受けた。それと同時に軍司令官らから、「軍風紀弛緩ニ付評語アリ日本軍出兵ノ目的ニ反スルモノトシテ深甚ニ慨嘆セラレ」たのを聞かされた。この日に発せられた派遣軍司令部の会報は、「我軍軍人ノ態度不良ナル者多ク我海軍軍人ニ比シ遜色アリ」と書かれていた。この会報には、日本軍の軍人がロシア人から腕時計、茶さじ、鶏を盗んだという記述があった。このため、田所は将校に対して「今次ノ出動ハ日本軍ニ信頼スヘキコトヲ露国民衆ニ示スニアリ」、だがこの目的に反する行動をとるものがいるので、部下にこの旨徹底せよと訓示した[65]。九月八日には、松山良朔十二師団参謀長から電報が届いた。この中には、ロシア人の感情を害した日本軍の行為として家屋への無断侵入、無断で炊爨すること、そしてあちこちで排便していることが挙げられていた。このため、訓令の実行が不十分であるとして、「各部隊ニ於テ取締ヲ厳重ニセラレタシ」と厳命してあった[66]。

このため、ハバロフスクの十二師団司令部では、九月十八日に団隊長会を開催した。この時の軍幹部の発言には、事態への憂慮を示しながらも、本音のところでどのように考えていたかが如実に表れている。まず、大井成元師団長が、大谷派遣軍司令官の訓示を伝達した。そこには、ロシア人からの苦情の声について「一ハ露国民ノ誇大ナル言動ヲ弄スルコト彼等ノ猶大露国民性ノ放縦等ノ然ラシムル所」があるだろうと述べていた。その上で、日本軍の行為に「彼等ノ目ヨリ見テ不当ナリト映セシムルモノ」があるのではないかと言っていたのである。ロシア人に、日本軍の行為が不当に映る原因と考えられたものは四つ挙げられていた。

一　「我出兵ノ目的カ一般将校下士卒ニ徹底セス尚外征ノ感ヲ以テ露人ニ対スルニアラスヤ」。
二　燃料や副食物をロシア人に求めているので「累ヲ露人ニ及ホスコト多キ」ことがあるのではないか。
三　風俗習慣の違いから「些少ノ事モ露人ニ悪感ヲ懐カシムルニ至ルモノアラン」。
四　言葉が通じないのも一つの原因ではないか。「要スルニ已ヲ得サル原因モ少ナカラサルヘキモ諸官ハ極力之ヲ排除シ」日本軍の美名を発揚すべきである。

松山参謀長は、日本軍の実態を次のように報告した。出兵目的の徹底と、炊爨の時の注意である。はじめに、出兵目的の徹底が全くなされていない、という実例が報告された。そこには、以下のように書かれていた。

一　電柱を切り倒すのに抗議したロシア人に対し、「通訳カ敵ニ好意ヲ表スルモノナリト言辞」を発した日本軍の将校がいた。

二　「出兵ノ主旨ヨリスレバ露国人ハ之ヲ親善ノ誼アル友邦人ト見做スヘキニ拘ラス」注意が払われていない。卵を盗み、持ち主に追いかけられたときに「之ヲ威嚇シ甚シキハ之ヲ欧打《ママ》シ又銃ヲ擬シテ脅迫」したものがあった。停車場の木の柵を全部破壊した。鉄橋の歩哨が、臨検と称して掠奪をした。

次に、炊爨時の注意として、このように述べていた。

一　炊爨時に、地域に迷惑をかけるのはいけないが、「部隊ノ経理官カ適時所要ノ資料ヲ供給セサルニ依ル」。
二　チェコ軍は二日間食事をせず、地域を荒らさなかったことがある。「兵卒戒飭ノ資トスルニ足ル」。
三　ロシア人の飲料用の井戸付近に残飯を捨てたものがある。
四　兵卒が副食物を各個求めて、「擅ニ民家ニ侵入シ窃盗ニ類スル行為ヲ敢テスルモノ少カラス」。

ところが松山は、最後に「その他」と称して、「露国ハ革命以来濫ニ個人権利ヲ主張スル念発達シ」、だから日本軍とトラブルを起こすのだ、と言ったのである。しかし、そのトラブルたるや、他人の家に入り込んだ、女性への態度が悪い、そして「些細ナルコトニ激シテ欧打《ママ》スルモノ」など、軽いものではなかったのである。

大谷司令官も、松山参謀長も、日本軍の行為は問題であると認めている。しかし、ロシア人が大げさに言っているのではないか、あるいは個人主義的だから、というような理由をつけて、全面的には信じていない(67)。また、これまでの戦争と同様、多少の掠奪は許されるのではないか、という考えは、東京にいた軍人の中にもあった。十二師団の視察報告書には、将兵の略奪についての記述がある。しかしそこには「其ノ多クハ露人所有ノ薪、鶏等ヲ窃カニ持去リ或ハ柵ヲ破壊シ之レヲ燃料ニ使用セル等ノ類ニシテ性質余リ悪シキモノトモ認メス」(68)と書かれてあった。

このような幹部の訓示を聞いた者たちの反応はもっと反抗的だった。十二師団の軍医は訓示を聞かされて「我々ノ考ヘデハ夫等ノ暴行ハ無論無イト信ズル、之ハ外人等ノ戦争ニ対スル疾《ママ》妬心モ一ツ、又ハ排日思想ノ吹聴ニ資センガ為メ誇大ニ之ヲ訴フルノモ一ツ、之等ノ為メニ司令部ニ種々ナ事ヲ陳列上申スルモノト信ズル」と、信じられないという反応を示した。「日露戦争トハ無論性質ヲ異ニスルハ勿論ナレ共、卑クモ戦争ト云フ文字ノ下ニ活動シテ、軍隊ガ奈何ニ他国ノ手前ガアルニセヨ、如何ニ土地ガ日露役ノ朝鮮、満洲ト異ナルニセヨ」という記述があることでも分かるように、この出兵が日露戦争とは違うものであることは分かっていたが、「戦争」なのだとは考えている。(69)

だが、東京の側は何とかしようと考え始めた。「他国ノ手前ガアル」し、「土地ガ日露役ノ朝鮮、満洲ト異ナル」ことは、重大な相違だったのである。一九一八年九月十一日に、陸軍次官の名前で通牒が発せられた。ここには、「近来軍隊宿営等ニ方リ民有財産寺院公共施設等ヲ濫ニ使用スルコト多ク其間各種ノ誤解ヲ生シ甚シキニ至リテハ掠奪ニ類スル行為アリテタメニ漸ク地方民怨嗟ノ声起ラントスト聞及ヒ遺憾不堪候」と書かれていた。このような事件の理由は、「下級幹部以下地方言語事情ニ通セサルト国際間ノ法規慣例等ヲ弁ヘサルニ由ル可キモ又各級将校ノ部下ニ対スル監視不充分ナルニ起因スル所」であろう、とこの通牒は書いた。「聯合與国軍ト相伍シテ行動シツツアル今日状況ニ鑑ミ露支那人ノ反感ヲ醸シ帝国将来ノ諸施設ニ悪影響ヲ及ホスコト無之様」訴えていたこの通牒は、まさにロシアに対して、他国と共同で出ているからこその注意を払わねばならないと書かれていたのである。これを受けて、派遣軍司令部の由比参謀長は、これから寒冷の季節に入った場合、「採暖防寒ノ設備ヲ要スルニ当リ薪炭等ノ至急充分ナラサル時ハ勢ヒ外間ノ批評ヲ招可行為モ発生可致恐」がある、「我忠勇ナル日本軍ノ名誉ヲ毀損セサル様」注意するように通牒を発した[70]。

一九一八年十月になって、派遣軍司令部は行動マニュアル『兵士ノ心得』を出し、兵士に配布した[71]。この行動マニュアルは、派遣軍司令部だけではなく、各派遣師団のレベルでも刊行されていたことが分かっている[72]。ここでは派遣軍司令部版のものを見ていくことにしたい(刊行時期が異なるので、内容的な異同がある)。

この冊子は、出兵目的を「吾々聯合軍ノ目的ハ「チェック」軍ヲ援ケ且ツ困ツテ居ル露国良民ヲ救ヒ又タ之ト親交ヲ保ツノデアル」と記している。そして、「聯合軍ノ行動ヲ妨ゲル独墺俘虜ト之ニ加勢スル者ハ我敵デハアルガ、一般ノ露西亜ノ人民ハ我敵デナイ許リデナク、皆過激派ニ苦メラレテ、聯合軍ガ来テ、救ツテ呉レルノヲ待ツテ居ル憐ムベキ味方デアル」と書き、一般のロシア人住民を敵視しないように求めた。「無代価デ豚鶏等ヲ取リ圍柵ヤ道具ヲ断リナク薪物ニスル等野蛮ノ振舞ヲ為ストキハ如何ニ戦闘ニハ強クトモ、此野蛮ノ行為ダケデ泥ヲ塗リ、我日本兵ノ名誉ハ潰レテシマウノデアル」という、具体的な例を挙げた言葉の中に、既にこれらのことが現地で問題視されていたことがわかる。

『兵士ノ心得』には、住民に対する行動のあり方が具体的に指示されていた。例えば、住民の持ち物を使ってはならない、使うときは所有者の許可を得なければならない、そして「済ンダ後ハ必ズ之ヲ返シテ遣ラ子《ね》バナラヌ、若シ破損紛失デモシタ場合ニハ相当ノ賠償ヲスルノハ当然デアル」。家を勝手に「模様換」(破壊も含まれているであろう)してはいけない。室内や便所を汚してはならない。野外にある薪や藁を勝手に使ってはいけない、使うときは代価を払わなければならない。このように細かく具体的な例が指示されていた。これは明らかに、現地の状況を、後から追いかけて禁止する、という状態であった。

次にこのマニュアルは、ロシア人の生活習慣などに配慮して、次のような行動を取るべきである、と言っていた。

この部分は、原文を引用したほうがよいであろう。

(1) 外出スル時ハ服装ヲ整ヘ姿勢ヲ正シクシ敬礼ニ気ヲ付ケヨ。
(2) 婦人ニ対シテハ席ヲ譲リ又道ヲ譲ッテ遣リ、狎レ近ヅキ又ハ猥レガマシキ等ノ事ガアッテハナラヌ。
(3) 他人ノ前デ肌ヲ現シテハナラヌ。
(4) 道路ハ右側ヲ通行セヨ。
(5) 隊伍ヲ組ミ、又ハ武装シタ時ハ歩道ヲ通ラズ車道ヲ行ケ。
(6) 路傍ニ腰ヲ卸シテ休憩シ又ハ道路ニ唉《(ママ)》ヲ吐キ紙片等ヲ捨テテハナラヌ。
(7) 二人以上デ歩ク時ハ歩ヲ合セヨ。
(8) 路上ニ立止ッテ居ルナ。

このマニュアルは、「是等ノ事ハ小サイ事デハアルガ再三此ノ様ナ事ガ重ナレバ、自然日本兵ハ物ヲ知ラヌ、野蛮人デアルト笑ハレル許リデナク、日本人嫌ヒノ種子ヲ作ル事トナリ積リ積レバ日本軍ノ不利益トナルコトヲ忘レテハナラヌ」と、一人ひとりの兵士の行動が、共同出兵の外国軍兵士の視線などの中で評価され、結果として日本軍全体の評価となることを警告していた。「各自ニ能ク能ク読返シ嚙砕イテ覚エ込ミ之ヲ守ッテ」ゆくことが求められたのである。(73)

しかし、ある行為を「やってはいけない」と書いてある、ということは、やってしまっていたか、その可能性がきわめて高い行為であることを示している。このマニュアルがあったとしても、非行はやまなかった。第十二師団第十四連隊の兵士は、焚き火をしていたロシア人に対して、「其ノ一人ニ対シ身体ヲ検査シ被告ノ武装ニ恐怖セルニ乗シ露貨ヲ出スベシトノ意ヲ告ゲ出金ヲ迫リテ」懲役刑に処せられた。七十二連隊の兵士は、ボリシェヴィキの疑いのあるロシア人を連行中「同人ニ対シ故ラニ金銭ノ有無ヲ訊シ暗ニ金銭ヲ提供スルニアラサレハ放還セサルノ意ヲ示シ」金を強奪して懲役刑に処せられた。[74] 処分されなかった事件もあった。一九一八年十二月、少女強姦未遂事件が発生した。これは捜査の結果日本軍兵士の犯行だと分かった。しかし、「元ヨリ強姦未遂ニテ親権者ニ於テ告訴ノ意志ナカリシヲ以テ二十九日露国警察側ト協議シ司法処分ヲ中止セリ」[75]。兵士の行動は、上官への反抗ともなった。ハバロフスクでは、その日の朝、中隊長から訓戒された兵士が、夜酒に酔って中隊長の部屋に入り込み、寝ていた中隊長の前で「胡坐ヲ為シ斬ルトモ突クトモ勝手ニセヨナドト其ノ面前ニ於テ不遜ノ態度無礼ノ言辞」を取った。[76] 一九一八年九月一日から、翌年五月十五日までで、第十二師団だけで軍法会議にかけられて処罰されたもの一八人、軍隊内部の処分を受けたもの一六〇人にのぼっていた。[77]

このような事態に、師団司令部は一九一八年十一月十八日、「軍紀風紀ニ関スル件通牒」を発した。その中では、「或ハ戦地ヲ以テ法令ノ制裁ヲ受ル事甚軽微ナルモノノ如ク思惟シテ法規ヲ無視シ或ハ刑法懲罰令ヲ解セスシテ漫然之ヲ犯シ」という、規範意識の欠如が明確に指摘されていた。この通牒は、部下や兵卒に対して「一面精神教育ニ努力スルト共ニ刑法懲罰令ノ精神及効力等ニ関シテ充分教育」しなければならない、と強調していた。[78] 兵士の中にも、この出兵を疑問視する意見が出た。第三師団の兵士は、黒龍会機関紙『亜細亜時論』へ、日本軍のシベリアでの行動を告発する投稿をした。[79] この投稿の中には、大井第十二師団長が、現地のロシア人当局者へ「日本軍ハ日本軍ノ意士（ママ）ニ依ツテ行動シタノデ、何モ露国民ヲ救済スル為ニ来タノデハナイ」と発言したという事件が書かれていた。

このような事態が続けば、兵士のモラルとモラールの消滅、それに伴うロシア側からの抵抗の悪循環が始まるのは目に見えていた。吉野作造は、出兵中期の一九二一年に「兵卒などは何の為に出征したのかを殆んど全く理解して居ない」と書くことになる。[80]「新しき救世軍」の行動は急速に苛酷なものになった。ボリシェヴィキがゲリラ戦を実行するようになると、日本軍は「村落焼棄」といわれる、村を丸ごと焼き払い、住民を老若男女問わず殲滅するという行動に出る。[81]本書で登場する十二師団軍医は、当初はロシア人からの被害の訴えを聞き流していた。しかし、長期にわたり従軍し、日本軍兵士が略奪や強姦を繰り返していることを知り、次のように書いた。「コンナ裏面ヲ持チナガラ露国ノ秩序ヲ維持スルモ無イモノダ。我衛生部員ニハ各所ニ慈恵医院ヤナンカヲ開イテ表面如何ニモ情ケアル武士ノ行動ノ様ニアルガ反面ガコノ状況デハ何ニナルモノカ」[82]。そして村落焼棄の光景を目撃し、ボリシェヴィキの巣窟への作戦なのだからやむを得ぬ、と書きながら、次のような迷いが記されるようになった。「僕ハ矢張リ可哀想ダ。惨酷ダト思フ念ガ切ニ湧ク。斯クシテ露人怨嗟ノ声ハ永ヘニ彼等ノ子々孫々ニ伝ヘラルルデアロー。果シテ之ガ日本帝国ノトルベキ最良ノ策デアローカ。僕ハ祖国ノ将来ヲ思ハズニハヰラレナイ」[83]。

もはや、ロシア人側の反応は、明確に日本軍の施療・物資配給に対して批判的なものになりつつあった。あるいは、もらうだけもらっておこうという態度を取るようになった。一九一九年から一九二〇年にかけて、ボリシェヴィキ軍は、日本軍の救恤・施療を拒絶せよというビラを貼った。そこには日本軍の行為を非難する内容とともに、「日本政府ノ行為ハ総テ之レ暴戻ナル帝国主義ノ発露」である、という激しい言葉があった。住民は一応、救恤を受けに来た。しかし、「彼等ノ真意ヲ想察スルニ唯生活ノ苦悩ヲ医セントスルノ已ムヲ得サルニ出テタルモノノ如ク衷心ノ感謝ヲ以テ迎ヘス」という状態であるということは、もはや日本軍にも分かっていた。[84]一九二一年、日本軍が一部地域から撤退するという段階では、毎日施療を受けに来ていた住民が「雙手ヲ挙ケ歓呼」するのを目撃さ

せられることになる。(85)

このように、物資の供給・医療援護事業といえども、表裏一体の軍事作戦と並行していくことによって、前者の持つ意味は単なる偽善的行為となる。しかし、派遣軍はロシア人を敵としない、という建前は崩せなかった。一九一八年末、ドイツ帝国が革命で崩壊し、第一次世界大戦が終結した。この結果、「チェコ軍救援」の大義は事実上消滅する。チェコ軍はドイツ・オーストリア勢力に妨害されている、ということになっていたからである。シベリア出兵は、ついに大義の一角を失いながら、さらに混迷しつづけていくことになるのであった。

シベリア出兵は、本章で述べたように、二つの顔を持つことになった。一つは、「チェコ軍救援」のための、軍事行動である。当然これは、ボリシェヴィキ軍との戦闘と反革命派・チェコ軍との共闘という性格を持っていた。そして、この一面では、明確に戦争であった。将兵がロシア人側の訴えをどうしても信じられず、単に「ロシア人の国民性」などと片付けていたのには、この問題も存在するのではないかと考えられる。しかも、兵士の側は、弛緩した規律意識のまま行動し、ロシア人住民とのトラブルが絶えなかった。その上、彼らにとって、出兵は明確に戦争であった。ロシア人住民側も、反革命派支持の住民ですらも、日本軍の上陸を歓迎しない、という空気があった中でのこのような行動は、いよいよ現地住民との関係を難しくしていった。

ところが反面で、この出兵は、「ロシア国民の救援」を掲げた。そのためには、ロシア人に対し、日本への好感を抱いてもらう必要があった。日本はロシアに対し、日本はロシアにとって敵国ではなく今なお同盟国であり、ロシアの現状に同情していることを示さなければならなかった。これは「共同出兵」しているアメリカ軍との支持獲得競争であった。これには、東アジアで日本が経験した戦争とは違う要素があった。外交官などが書き残しているように「ロシアは満州や朝鮮ではない」のであった(露骨に植民地扱いをしてはならないという意味で)。東京で物資の廉売を好ましくないと思っても物資供給はせねばならず、病院を開放して住民を無償で治療せねばならなかった。このような非軍事・人道的な事業の重要性はどうしても増していくことになった。出兵が長期化しても、ボリシェヴィキとの戦争が明確になっていっても、無償治療は続くのである。日本正教会特派員やその他の集団が「日本軍は侵略したのではない」というのは、あり得る話である。しかし、侵攻した軍隊自身が「われわれは侵略したのではない」と相手国の住民に訴えねばならなくなった。そして「善事を行ふに力を比らべ、世界の不毛地を拓くに争ふ、疲憊せる衆生を済ふに先を争ふ」などということを、言葉だけでなくある程度現実の行動で示さなければならない段階に突入したのである。ロシア人が日本軍の行動をどう思っていても、このようなことに労力と資金をどうしても投入しなければならなかった。

このような日本軍の矛盾した行動は、当然ロシア側の抵抗を呼んでいった。また、第一次世界大戦終結によって、対独戦争の大義が消失すると、出兵にボリシェヴィキと敵対し、反革命派を支援する戦争という性格が露骨に現れる。[86]一九一九年二月、前章で登場した十二師団七十二連隊の田中勝輔率いる大隊が、ボリシェヴィキ軍に包囲されて壊滅させられる事件が発生した。「新しき救世軍」の行動は、このような大規模な軍事衝突、そして一九二〇年のニコラエフスク事件のような、ロシア側の日本人虐殺という悲劇を起こす一里程となりつつあったのである。

(1)『西伯利出兵史』第三巻、一五一六―一五一七頁。

(2)「佐藤熊男浦潮派遣ノ件」『西比利亜経済援助関係雑件「プロパガンダ」ニ関スル件』(3.4.1.23.8)(外交史料館所蔵)所収。このことに関して、外務省記録には、かつて『大正三年臨時事件費雑纂　露国人「フラバガンダ」ノタメ佐藤熊男浦潮派遣ノ件』というファイルがあったことが分かっているが、現在は失われている(『外務省記録総目録(戦前期)』別巻、原書房、一九九二年)。

(3) 前掲「佐藤熊男浦潮派遣ノ件」にある、佐藤が松岡洋右に宛てた書簡。一九一八年九月十九日。

(4) 「露人間「プロパガンダ」ノ為メ佐藤熊男浦潮派遣ノ件」前掲「佐藤熊男浦潮派遣ノ件」所収。

(5) 佐藤から松岡宛の書簡。一九一八年十一月十二日。前掲「佐藤熊男浦潮派遣ノ件」所収。

(6) 内田外相から松平政務部長宛の電報。一九一九年一月十一日。前掲「佐藤熊男浦潮派遣ノ件」所収。同月九日に来た資金要請電報への返電(この文書の直前に綴じ込まれている)。

(7) 前掲、佐藤から松岡宛の書簡。

(8) これについては、原、前掲『シベリア出兵』四七六頁を参照。

(9) 長縄光男『ニコライ堂の人びと』現代企画室、一九八九年。

(10) 一九一八年八月七日発信の電報。松井(慶四郎?)大使より。上田仙太郎モスクワ総領事代理からの転電。『露国革命関係一件 出兵関係 出兵ニ伴フ政治経済其他諸施設雑件』(外交史料館所蔵)(1.6.3.24.13.54)所収。ここには述べないが、浄土真宗の僧侶太田覚民の活動もよく知られたところである。太田の著書『露西亜物語』一九二五年、丙午出版社には、その様子が書かれている。これを紹介したものには、原、前掲『シベリア出兵』や、加藤九祚『シベリア記』潮出版社、一九八〇年がある。

(11) 「希臘正教会宣教師ヲ西比利亜ニ派遣ノ件」外交史料館所蔵の『露国革命関係一件 出兵及び撤兵(別冊)』第八巻(1.6.3.24.13.31)にある。

(12) 一九一八年八月十二日発信の旨スタンプが押されている返電の文案。外務省用箋に墨書。大臣、次官、政務局長の花押、武者小路公共第二課長の印が押されている。前掲外務省文書『露国革命関係一件 出兵関係 出兵ニ伴フ政治経済其他諸施設雑件』。

(13) 長縄、前掲書、二一〇—二一一頁、また前掲、「希臘正教会宣教師ヲ西比利亜ニ派遣ノ件」。この本によると特に石川喜三郎は、日露戦争の際ロシア人捕虜に宗教者として慰問をすることを当時の寺内陸相にはたらきかけるなど、かなり積極的に政治的な活動を行っていた。

(14) 一九一八年八月十一日着信の電報。前掲外務省文書「希臘正教会宣教師ヲ西比利亜ニ派遣ノ件」および『露国革命関係一件 出兵関係 出兵ニ伴フ政治経済其他諸施設雑件』。赤十字社のことは、外務省西比利亜経済援助部編・刊『西比利亜経済援助ノ概要』七一頁。

(15) 一九一八年八月十六日発信の電報。前掲外務省文書「希臘正教会宣教師ヲ西比利亜ニ派遣ノ件」および『露国革命関係一件 出兵関係 出兵ニ伴フ政治経済其他諸施設雑件』。

(16)「心得書」を手交するかどうかについては、前掲外務省文書「希臘正教会宣教師ヲ西比利亜ニ派遣ノ件」の中にある、「心得書」の原案が参考になる。ここには二つの書き込みがあった。一つは「写ヲ手交スルハ危険ナリ口頭ニテ篤ト申含ムルコト」という、手交に反対する意見であった。そしてもう一つは「本文ハ決裁済ノ上各特派員ニ手交スル考ナリ」というものである。「心得書」は、外務省よりの文書「日本正教会特派員西伯利派遣ニ関スル件」（一九一八年八月三十日）に綴じ込まれていたもの。これは『西密受大日記』大正七年第二冊に入っていたものである。長縄氏の著書によると、「申合せ書」は八月二十一日に作成されていた。長縄氏は、「申合せ書」が、聖職者が作成したはずの文書に宗教用語の間違いがあることを指摘している。この「心得書」を与えられた彼らが作成したものが「申合せ書」であると考えられる理由である。

(17)「日本正教会特派員西比利亜派遣ノ件」前掲『西密受大日記』。

(18)「遣露慰問使出発」『正教時報』七巻一七号。

(19)「日本正教会派遣員ノ西比利亜ニテ配布ス可趣意書訳文」『西比利亜経済援助関係雑件「プロパガンダ」ニ関スル件』(3.4.1.23.8)（外交史料館所蔵）にある、「日本正教会派遣員ノ件」（以下「日本正教会派遣員ノ件」と呼ぶ）に含まれている。前掲外務省文書「希臘正教会宣教師ヲ西比利亜ニ派遣ノ件」には、印刷されたロシア語のビラが残っている。不思議なことに、三井・石川組と、瀬沼・森田組の報告書は、別のファイルに綴じ込まれている。そのためか、長縄氏の著書は三井・石川組の報告書などが引用されていない。筆者は逆に、長縄氏の著書を知るまでは森田・瀬沼組のファイルを発見できなかった。

(20)三井、石川連名による報告書。一九一八年十月三日付。前掲「日本正教会派遣員ノ件」。「希臘正教会宣教師ヲ西比利亜ニ派遣ノ件」の方には、九月十日付で森田・瀬沼組が送った手紙がある。こちらには「露人を使用して御派遣の御趣旨を貫徹致し度」という文言が見える。現地でロシア人を雇い、宣伝要員として使っていたのである。

(21)三井の書簡。日付は不明。前掲「日本正教会派遣員ノ件」。

(22)前述の三井、石川連名による報告書。

(23)『西伯利出兵史』第三巻、一五二九頁。

(24)三井・石川の報告書。一九一八年九月十一日付。前掲「日本正教会派遣員ノ件」。

(25)長縄、前掲書、二二八―二二九頁。前掲外務省文書「希臘正教会宣教師ヲ西比利亜ニ派遣ノ件」にある。

(26)『歩兵第七十二連隊陣中日誌』（防衛研究所所蔵）一九一八年九月十日の項。

(27)『第七師団西伯利出動中対外事項記事』『偕行社記事』五五二号付録、一九二〇年（靖国偕行文庫所蔵）、一一―一三頁。本文には

記さなかったが、満洲里は中国領土であることから、中国人向けの布告には、多少違ったことが書かれていた。出兵の理由が、ロシア人向けに出された「篤キ聖慮」のほかに「日支軍事協約ノ本旨ニ基キ共同作戦ヲ為ス事トノ為メニ」という言葉が付け加えられていた。しかもロシア人に対しては「露国良民の救世主」と言っているが、中国人に対して日本軍が何であるかについては一切述べられていない。これは、中国政府に対する配慮であろう。

(28) 前掲『西比利亜経済援助ノ概要』三四—三五頁。

(29) 『西伯利出兵史』第三巻、一五一八—一五一九頁。

(30) 『西伯利出兵史』第三巻、一五二七—一五二八頁。クリスマス・プレゼントの配布については、『西比利亜経済援助関係雑件　物資供給(供給実施)』(3.4.1.23.23.2)第三巻(外交史料館所蔵)。この事業は、一部地域では荷物が届かずに、翌年の復活祭にまわされるということになった。

(31) 『西伯利出兵史』第三巻、一四七五—一五〇六頁。ここでは、各師団レベルで宣伝のマニュアルが発行されていたことも記されている。

(32) これについてはとりあえず原、前掲『シベリア出兵』や、史料的には「日露協会学校設立費補助大正三年臨時事件予備費ヨリ支出ノ件」(一九一九年六月三十日)『公文類聚』四三編巻二〇を参照。前掲『西比利亜経済援助ノ概要』によると、ブラゴベシチェンスクでも、現地の日露協会支部に日本語学校を設立することが、ロシア側との間で問題になっていたことを記している。

(33) これについては、「日露購買組合補給外一件大正三年臨時事件予備費支出変更ノ件」(一九二〇年三月二十七日)『公文類聚』四四編巻二〇を参照。

(34) 「日本赤十字社救護員ヲ東部西比利亜へ派遣ノ件」一九一八年八月二日、『公文雑纂』巻一二(国立公文書館所蔵)。こののち、派遣団はさらに九月に二四人(「日本赤十字社看護婦組織救護班東部西伯利へ増派ノ件」一九一八年九月二十八日)原内閣成立後の十月に二五人(「日本赤十字社看護婦組織救護班ヲ東部西伯利へ増派ノ件」一九一八年十一月十五日)が増派されている。

(35) チチハル領事館副領事佐々木静吾から佐藤ハルビン総領事経由の電報。『露国革命関係一件　出兵関係　出兵ニ伴フ政治経済其他諸施設ニ関スル件』(1.6.3.24.13.54)(外交史料館所蔵)所収。

(36) 「海拉爾ニ避難中ノ露人及「ブリヤート」人等ニ対シ同情ヲ表スル為救護班派遣方ニ関スル件」前掲外務省文書所収。

(37) 「海拉爾ニ避難中ノ露人及「ブリヤート」人等ニ関シ同情ヲ表スル為救護班派遣方ニ関スル件」一九一八年八月二十日、『西密受大日記』大正七年第一冊。この陸軍の回答文は前掲外務省文書にも収められているが、外務省文書に付箋部分(和紙にペン書き)

はない。外務省側に伝わっていたかどうかは不明である。ブリヤート人住民への医療援護事業については、現地にいた在留邦人で組織された「満洲里在住日本官民主催後貝加爾避難民救恤会」なる組織が行っていたことを当時の新聞は伝えている（黒田乙吉「日章旗の下に集る」『東京日日新聞』一九一八年七月三十日—八月一日）。

(38) 『西比利亜経済援助関係雑件 窮民救済』(3.4.1.23.31)（外交史料館所蔵）の「医薬」の部分より。

(39) 前掲外務省文書。松平政務部長からの電報は十月二十五日、佐々木、佐藤からの電報は共に十月二十七日。佐々木の電報中の「ロシア人を中国人と同一視すべきではない」という言葉には、なぜシベリア出兵でかなり手厚い占領地住民対策を取らなければならないかという問題に対しての、同時代的な感覚がうかがわれる。

(40) 佐々木副領事から佐藤総領事宛の電報を内田外相宛に転電したもの。前掲外務省文書。

(41) 「西比利亜ニ於ケル施療施薬実行ニ関シ稟議ノ件」前掲外務省文書。

(42) 「慈恵医院概況報告」前掲外務省文書。一九一八年十二月二十六日、松平政務部長から内田外相へ送られたもの。

(43) 「医事ニ関スル露民ノ救済」前掲外務省文書。一九一八年十二月四日に内田外相から高橋是清蔵相に送られた書類の中に含まれたもの。

(44) 「西比利亜ニ於ケル米国赤十字ノ救恤事業ニ関スル件」前掲外務省文書。

(45) 「西比利亜窮民救助費支出ノ件」前掲外務省文書。物資配布を打ち切れば予算は浮く、ということを書いた文書は、陸軍の用箋に書かれているが、内田外相の印が押されている。この措置に高橋蔵相から異存がない旨の回答が来たのは十二月七日である。

(46) 前掲「慈恵医院概況報告」。

(47) 国崎頼編著『清寂庵の記』福岡印刷株式会社、一九七九年。医師の名前は国崎武という。一九一八年十二月二十六日の記述。

(48) 前掲「慈恵医院概況報告」。

(49) 「軍隊日記」一九二〇年三月十六日の記述。とりあえずこれは、『黒島傳治全集』三巻、筑摩書房、一九七〇年にあるものを使用した。

(50) 「慈恵病院病類別患者表」（前掲「慈恵医院概況報告」に付せられた表）。前掲外務省文書。

(51) 前掲『西比利亜経済援助ノ概要』七九—八一頁。十二師団だけに絞ってみても、一九一九年二月に扱った患者数は四、二八〇人（但しここは「露国窮民施療科別室患者数」とあるから、全患者数ではないかもしれない）いる。

(52) 『西伯利出兵史』第三巻、一五三三—一五三四頁、および前掲『西比利亜経済援助ノ概要』七四頁。

(53) 『第一陸軍病院及臨時野戦防疫部西伯利出征写真帖』浦潮第一陸軍病院、一九二二年。

(54) 前掲『西比利亜経済援助ノ概要』八一―九三頁。コレラ予防注射については、「露国窮民救済ノ為虎疫予防液ヲ購入配与ノ件」『西受大日記』大正八年第九冊。

(55) 外務省西比利亜経済援助部調査課編・刊行『米国ノ対露経済活動近況』一九一九年三月、外交史料館に所蔵された『西比利亜経済援助関係雑件　米国其他対露活動』(3.4.1.23.17) に綴じ込まれたもの。この調査部が編集・刊行した文書の一覧がこの冊子には掲載されているが、この冊子は「秘」の文字が付されている。この冊子刊行時点では秘密文書扱いになった資料は、この他に『ボルシエヴ井ズム』(極秘) しかないことを考えると、アメリカの活動にいかに当時の日本が神経をとがらせていたかが分かる。

(56) 竹山安太郎『西比利亜事変と国際関係の真相』第一巻、日東出版社、一九三四年、一一三頁。

(57) これはウィルソン政権の食糧局長官フーヴァーらが中心となり立案した、中立国ノルウェーのナンセンを委員長とした食糧救済委員会設置構想である。これについては、細谷千博「ヴェルサイユ平和会議とロシア問題」前掲『ロシア革命と日本』所収を参照。

(58) 新渡戸稲造「対外発展の一新時代」『実業之日本』二二巻二一号、一九一八年。

(59) 藤村道生「シベリア出兵と日本軍の軍紀」『日本歴史』二五一号、一九六九年。憲兵司令部編『西伯利出兵憲兵史』一九二八年は、現在は一九七六年、国書刊行会の復刻で見ることができる。本書でもこの復刻本を用いた。『歩兵第七十二連隊陣中日誌』は防衛研究所所蔵。防衛研究所に収められたシベリア出兵当時の陣中日誌としては、ほかに第四章で登場した『第七十二連隊第三大隊陣中日誌』がある。筆者はかつて東京の古書店から『第十二師団陣中日誌』の復刻本と称するものを購入しているが、原本所蔵元、復刻者などが明らかでないため、現在は用いることができない。

(60) 「聯軍上陸と露人」『福岡日日新聞』一九一八年八月二十一日。原、前掲『シベリア出兵』で引用されている山内封介『シベリヤ秘史』一二一頁にも、同様の光景が記されている。他の軍隊には「ウラー」と叫び、チェコ軍に対しては「露国の救主！」と叫んだ市民が、「他国の軍隊に浴せたやうな『ウラー』も叫ばず、日本人の権幕に圧倒されて、ぐうの音も出さず、水を打つたやうに静かに見てゐた」という描写がある。二〇〇二年に刊行された堀江満智『遥かなる浦潮』新風書房、八六頁は、日本人居留民は上陸した日本軍をあまり盛大に出迎えないようにしていたことを明らかにしている。例えば居留民を大量に動員しての歓迎を中止し、日本人の家に日の丸の旗を立てたりしないようにしたと述べられている。これはロシア人住民に配慮したためであるという。堀江氏の祖父堀江直造は、居留民会の副会頭である。

(61) 『西伯利出兵史』第一巻、三六六頁。

(62)「米国陸軍浦塩に入る」『福岡日日新聞』一九一八年八月二十一日。
(63)『日本外交文書』大正六年第一冊、六五一―六五二頁。
(64)『西伯利出兵憲兵史』二四一―二四二頁。
(65)『第七十二連隊陣中日誌』一九一八年九月一日。派遣軍司令部の会報は、この日の記述に収められている「浦潮派遣軍司令部会報要旨」より。
(66)『第七十二連隊陣中日誌』一九一八年九月九日。
(67)『第七十二連隊陣中日誌』一九一八年九月二十四日。
(68)「第十二師団諸隊ノ一部視察ニ関スル所見（自十月九日至十月廿九日）」『西受大日記』大正七年第五冊所収。しかしさすがに、ブラゴベシチェンスクで兵士約四十人が聖堂に押し入り純金の立像を盗んだという事件には、犯人を捜索することを主張している。この事件に関する記述は石光真清、前掲、『誰のために』にも存在する。
(69)前掲『清寂庵の記』、一九一八年九月十五日の項目。「満州や朝鮮とは違うといっても」という記述に、満州や朝鮮は略奪してもよいと考えていたことがよくわかる。当時の日本人にとっては、たとえ自らの側が戦勝国でも、ロシアは朝鮮や中国と同様に扱ってはいけないものだったのである。末端の兵士たちへも、一応このような指示は行っているようであるが、松尾勝造の日記には、その旨の指示は二度しか記載がない。九月十四日に、住民から物をもらってはいけないという指示が出たということと、十二月八日に、掠奪した物は返還することが命じられた、というものである。
(70)『第七十二連隊陣中日誌』一九一八年十月十二日。陸軍次官からの通牒は『西伯利出兵憲兵史』二四三―二四四頁にも収録されている。
(71)『兵士ノ心得』は「兵士ノ心得書送付ノ件通牒」一九一八年十一月八日、『西受大日記』大正七年第四冊に綴じ込まれているものを使用した。
(72)例えば『西伯利出兵史』第一巻付録編、二一七―二二五頁には第三師団の作成した「兵士ノ心得」が収録されている。また、「交通社長法学士森猛熊ノ在西伯利軍情視察談送付ノ件」『西受大日記』大正八年第三冊には、第七師団司令部版の『兵士ノ心得』（一九一八年十二月）が綴じ込んである。特に第七師団の製作したものは、「日本の天皇制は他国の君主制よりも優越している」などの規定がある。ロシア革命による隣国帝政ロシアの崩壊、そして第一次大戦の終結によって、敵国の君主制がすべて崩壊したことなどが原因であろう。

(73) 前に紹介した第三師団の「兵士ノ心得」では、もっと細かい規定がなされていた。露店で長く立ち止まって、ものを買ってはならない。寺院では脱帽する。人の部屋に入るときはノックして脱帽する。人と話すときに笑ってはいけない。その他ぶつかったときの謝り方や握手のしかたまで、二十三項目に及ぶ大変に細かいものであった。さらにこの規則には、中国人や朝鮮系の住民を軽蔑してはならない、という規定があったが、「極東露領ニ於テ経済的一大素質ヲ占テ居ルカラ」利用しなければならない、「然シ彼等ノ内ニハ随分敵ノ為ニ利用セラレツツアルモノカアルカモ知レナイカラ気ヲ許シテハナラヌ」とも書かれていた。軍隊が人の心身を規律し、この規律を内面化していくことを求めていくのは属性とも言えるものであるが、まさに一挙手一投足が国際社会の視線にさらされているという認識がよく分かる。

(74) 『西伯利出兵憲兵史』二四八―二五一頁。二五三頁には、虚偽の訴えもあったものの、「当初我軍兵卒ハ出兵ノ真意義ヲ解セサル為メ掠奪行為ヲ為スモノ少ナカラス」と明確に書かれている。

(75) 『西伯利出兵憲兵史』二五八頁。女性に対し、卑猥な行為を取った者の存在は他にも記録されている。

(76) 『西伯利出兵憲兵史』二四七頁。

(77) 『西伯利出兵憲兵史』二四五―二四七頁に付せられた表より。ただし、共同出兵をした他国の兵士にこのような行為がなかった、ということではない。同書には、アメリカ軍の兵士の非行も記録されている。

(78) 『第七十二連隊陣中日誌』一九一八年十一月十八日。

(79) 「改革カ亡国カ　軍隊改良ニ関スル絶叫書」前掲『露国革命関係一件　出兵及び撤兵（別冊）』第七巻（外交史料館所蔵）所収。この文書が作られ、外務省に届けられた経緯については、原、前掲『シベリア出兵』四二一―四二三頁。

(80) 吉野作造「青年将校の観たる西伯利出征軍の実情」『吉野作造選集』第六巻、一九九六年所収。将校からの手紙、ということになっている。

(81) 「村落焼棄」の実態は、松尾勝造、前掲『シベリア出征日記』一九一九年二月十三日、二月十四日の項を参照。

(82) 前掲『静寂庵の記』一九一九年三月二十七日の記述。

(83) 前掲『静寂庵の記』一九一九年三月三十一日の記述。

(84) 『西伯利出兵史』第三巻、一五二五―一五二六頁。

(85) 『西伯利出兵衛生史』続編第一巻（防衛研究所所蔵）、二二八頁。「蓋シ国民性ノ発露タルヲ思ハシメタリ」という憮然たる筆致の感想が残っている。

（86）　これについては、原、前掲『シベリア出兵』ほか、細谷千博「日本とコルチャク政権承認問題」前掲『ロシア革命と日本』所収を参照。

終章　結論と残された課題

一　本書全体の結論

日本は、シベリア出兵の初期、明確にこれまでと異なる戦争を体験した。まず、戦うことになる国に対して宣戦布告をしなかった。それだけならば義和団事件も同じであろう、といわれるかもしれないが、日本の権益を擁護することすら、最初は宣言されなかった。大規模な非軍事・「人道的」な事業を実行しなければならなかった。ロシアとの戦争でありながら、ロシアとの戦争ではない、と言いつづけなければならなかった。このことは、シベリア出兵が政策として決定されるまでの一連のプロセスに求められるであろう。

シベリア出兵は、政策形成から政策決定までに、大規模な構想の変容を体験しなければならなかった。単独出兵から「日米共同出兵」へ、「自衛」から「チェコ軍救援」へ、というのは、その一部でしかない。政策構想段階では少数派であった後藤新平の、対ロシア戦略援助をからめたシベリア出兵構想（ただ後藤も単独出兵論者ではあったが）が最終的に大きな意味を持ってくることになるとは、政策決定者の中でも予測はつかなかったはずである。十月革命が成功した後、日本の閣内などからは急速に出兵論が高まるが、実質的な軍事的脅威がないままでの出兵は、当然ながらできなかった。ボリシェヴィキが、社会主義を掲げていることを知っていながらも、ボリシェヴィキが敵対的な対日政策を取っていない以上、「独墺東漸論」のような陰謀論では軍事力の発動はできなかったのである。そして、対ロシア政策は、どんなに帝政ロシアが崩壊したとしても、これまで日本がやってきた、対中国政策とは違うものであった。

これは、民間に流布すべく練り上げられたシベリア出兵論でも同じであった。当初は「独墺東漸論」のような陰謀論に頼らなければならなかった出兵論は、急速にその論拠を変えた。また、国民に対する訴えは、「シベリア出兵を通じた日本の政治体制改革」にまで及ぶことになった。強硬な出兵論者の論集『出兵論』をはじめとした出兵論者の議論の分析を通じて分かったのは、シベリア出兵はロシアへの侵略ではないと大半が強弁することであった。また、長島隆二のように、出兵は日本の現状を、総力戦体制にあわせたものに改変していくために必要なものなのである、という理屈も存在した。長島の論理は、初期シベリア出兵が持ち合わせた、公式の論理をも持っていた。「ロシア救援」の論理と総力戦論をリンクさせた長島のシベリア出兵論はかなりの意味を持っている。

しかし、シベリア出兵がどうしてこのような変容をしなければならなかったのか。それは、やはりアメリカであろう。ウィルソン主義外交の衝撃は、今日われわれが想像しうるものであったかどうかは筆者の理解し得ないところである。(1)「十四か条」の外交公約を掲げ、理想主義的な外交方針を掲げた大国の登場は、公式的な世界の大国は今なおイギリスであったとしても、世界秩序の漸進的な変動を告げるものであった。そのウィルソンが提起してきたシベリア出兵をどう受けるか、ということは、政策決定者にとっては重大な課題であった。ウィルソン自身は社会主義に好意的ではなかったのだが、シベリア出兵には簡単に踏み切らなかった。そして、アメリカが出兵に踏み切ったときも、「ロシアへの援助と同時並行」というスタイルを採用した。これらのことが日本の政策決定者にとっては、「対日牽制策」としての意味合いをもつものと理解されたのである。後藤新平の意見書が、アメリカは「偽善」であるといいつつもその「偽善」を日本も実行すべきである、と説いたのは以上のような背景があってはじめて理解できる。そして、政策決定の最終段階で、伊東巳代治が縷々アメリカ批判を展開したあとで、「だから出兵を日米共同でやるのだ」とアクロバティックな議論をしたことも、理解しやすくなる。日本の近代国家化が始まってこの当時五十年余りであった。この歩みに対する異議申立てが、国際社会の中で、しかも強力な経済力と軍事力を有することになりつつある大国から提起されたのである。むろん日本にはそのような国と対決するほどの力があったわけではなかった。一九三〇年代と異なり、政策決定者が対米対決へとなだれ込むことにはならなかったのである。

日本が国際社会の中で、第一次世界大戦後どうなっていくか、国際的な地位はどのようなものになるのか、については、政策決定者の中に、党派などを超えた危機感が存在していた。しかしその中に、二つの潮流は確実に存在していた。出兵をめぐる政策決定者の対立はその一つである。単独出兵には反対するが、「日米共同」なら認めていく原敬の路線はその一つであった。そしてまた、出兵には慎重でありながらも「軍国主義帝国主義は果して悪むべきものなりや」と書かずにはいられなかった山縣有朋(ただし、彼はこの帝国主義者としての苦悩の中でもとりあえず対米協調を選ぶが)はその対極にある。出兵論者(彼らは必ずしも政策決定者ではないけれども)が、国際的な日本の危機を強調することにも、同質のものがあると考えられる。その結果として出されるのは、危機突破策としてのシベリア出兵、という考え方であった。

このように、国際認識や、今後の日本に対する考え方などの相違をはらみながら、シベリア出兵は外交調査会という臨時的な機関で決定された。外交調査会は首相をはじめとする内閣の主要閣僚、そして議会内政党のリーダー、枢密顧問官という、大日本帝国憲法の中でともすれば対立しやすい機関の人々を、天皇の諮問機関という名前のもとで結集させていた。彼らは、議会内野党、外交調査会に入れない閣僚などを排除しつつ、政策決定にあたったのである。

出兵の実行主体の陸軍においても、シベリア出兵については態度の違いが表面化した。それは、今後の国際情勢への理解の相違にもよるものであった。当時、陸軍出身の寺内正毅が、内閣総理大臣として国政をあずかっていた。そして寺内は熱心な「シベリア独立」論者であった。だが、寺内率いる内閣は、徹底的に陸軍を抑制し、独自の動きを取らせなかった。派遣軍の名称すら変えられ、出兵の期日もすべて外交調査会が決定していった。陸軍内部からの反発も、すべて抑制されたのである。

このような抑制の中でも、陸軍内部には「自主的出兵」をやるか、やむなく「共同出兵」の枠組みを尊重することもあるのか、という相違はあった。シベリア独立工作は、アメリカの同意なくしてはできない、と考えることのあった田中義一と、大量出兵のチャンスを逃した日本は愚かだと考えていた宇垣一成の相違は明らかである。共同出兵を余儀なくされたら日本軍は国際軍の「走狗」でしかなくなると訴えた荒木貞夫に至っては、もっとその懸隔は開いていた。ここで取り上げた三人は、すべてのちに陸軍大臣としてそれぞれの時代の内閣に入っている。その時の発言や行動は、このときの認識をどこかに持ちつづけたものであると考えられる。原内閣に入閣し、第一次世界大戦の終結をみた田中義一は、次のように述べる余裕があった。「最近に於ける世界の趨勢は、最早昔の如く新たなる領土の獲得、又は勢力範囲の拡張と言ふが如き、旧来の帝国主義的発展を許さないこととなったので、我々は之と異る所の純経済的発展即ち平和的手段に依って、其の目的（海外に進出すること―井竿）を達すべく心懸けねばならぬのである」[2]。ところが、宇垣は陸軍大臣として自身の「宇垣軍縮」を進めつつある間、このように話していたのである。「我国民の大多数が欧米に於ける平和来の歓声を帝国民に対する警鐘とも弔鐘とも受取らずして馬鹿正直に彼等の歓声に共鳴雷同し彼等の平和宣伝に渇仰し随喜して呑気千万に永久平和などを夢見つつある間に彼等は『ヴェルサイユ』条約を手初めに続いて華府条約によりて無遠慮に帝国の東亜に於ける立場に大なる制限圧迫を加へ政治的にも其の進展を阻止するの態度を示して来た」[3]。ヴェルサイユ条約が自国を抑圧している、というのは、ドイツのナチスのような言い分であるが、宇垣には、いわゆる国際協調体制が自国に科せられた桎梏であるとしか受け取れなかったのである(この宇垣がさらに一九三〇年代には、崩壊しつつある「国際協調体制」の中で首相に任ぜられながら、陸軍に妨害されて果たせなかったこともまた再度の皮肉であった)。また、荒木に至っては、昭和と呼ばれた一九三〇年代に、陸軍大臣として「皇道派」に擁立されていった。このような対応の相違には、一九一〇年代後半から一九二〇年代にかけての国際秩序の変動へ、彼らがどう考えていたか、ということまでが考察されなければならない[4]。シベリア出兵への彼らの態度の相違は、このようなことへの一つの現れであったと考えている。憲兵司令官石光真臣は、兄石光真清に次のように語ったといわれている。「外交から足を引っ張られ、政治家から予算を小切られ、その上政争の具にされたんでは、ろくなことは出来ませんよ。その上軍の責任を追及されるようなことがあったら……軍の少壮は黙っていますまい。私は日本の将来に禍根を残す事変だと思いますね」。軍人の中に、シベリア出兵を通じて、強い「被害者意識」が生まれつつあったのである[5]。

しかし、シベリア出兵をやるためには、何かの大義が必要だった。中国政策でも、「独墺東漸論」でもそれは可能にならなかった。アメリカから提起された「チェコ軍救援」のための「日米共同出兵」は、日本の出兵発動に最も可能な選択肢であった。だが、この選択肢は、同時に第一次世界大戦の間しか使えない(それは出兵を前提として中国と締結した日華陸軍・海軍共同防敵軍事協定も同様だった)ものであった。このことは、出兵から半年も経たぬうちに現実のものとなるのである。

シベリア出兵は、「チェコ軍救援」と「ロシア国民への救援」を掲げた出兵となった。しかも、同時にやってきたアメリカ軍は、YMCAや赤十字社をフルに使いこなし、対ロシアの非軍事領域の事業で日本より先んじていた。「新シキ救世軍」と後藤はシベリア出兵を呼んで見せたものの、官僚機構の中では、やはり単なる経済開発・利権獲得を露骨に目指した構想しか作れなかった。しかし、ロシアが敵国と名指しされていない以上、ロシアに対してあまりに露骨な対応は取れなかった。「新しい四海兄弟主義」の理念は、それなりに実行されなければならなかった。アメリカ軍が種々の援助活動をやっているのを傍観しているわけにはいかなかった。シベリア出兵の大義は、日清戦争で掲げた「朝鮮の独立」などのような大義とは違っていた。第四章でみた、現地駐在邦人の書いたものでも明らかな通り、当時の日本人の認識では、ロシアは中国や朝鮮と同じではなかった。だから、同じように扱ってはならないのであった(実はロシア人に対する観念は、日露戦争以上に極めて差別的なものになっていたのだが)。この点も、対ロシア「救恤」事業を、アメリカと競争せねばならぬ理由であったかもしれない。「理念」や「援助」(単に相手国政府へのものではない)というものが、外交軍事戦略上大きくなりつつあることに、日本は気づかされ始めたのである。「このままでは救済の美名をアメリカに取られてしまう」という大谷喜久蔵の発言はこのことに気づいていた証左であった。

だが、「新しい救世軍」の兵士たちは、この出兵を「戦争」としかとらえていなかった。召集され、万歳の歓呼で送られていく兵士たちには、必ずしも自身の行く先の土地が「敵国」ではないと言われても、理解できなかったものがいても無理はなかった。そして現地で実際にボリシェヴィキ軍と戦うのである。「独墺東漸論」などによって補強された「過激派」への敵意は、いかに公式の出兵宣言でボリシェヴィキ政権が敵であるといわれなくても出てこざるを得なかった。(6) また、このように召集されていた兵士たちが、当時の軍人が憂慮するほど規律の乱れを指摘されていた。こうした兵士たちがシベリアへ行き、一方で廉売、施薬、「慈恵医院」を行いつつ、反面でボリシェヴィキ軍との戦闘に参加していったのである。このような矛盾は、一九一八年の大戦終結でいよいよ激化していくことになる。ボリシェヴィキは「ドイツの手先」ではないにもかかわらず、戦わなければならない相手になってしまったからである。

本書は、初期シベリア出兵の政策形成―決定―執行の一連の過程を明らかにしようと試みた。その結果、次のことが明らかになった。シベリア出兵は、政策決定の段階で大きな変容を被った。そしてこの結果、シベリア出兵は、これまで日本が経験したことのないものになった。レトリックと小手先で済むと考えられた「ロシアの救援」は、実質化したものにならねばならなかった。しかし、ロシアを救援するためにロシア人と戦うという矛盾した戦争は、この後困難な道へこの戦争を追い込んでいった。本書の結論は、以上のようなものになる。

二　残された課題

本書の作成では、派生した問題が多く存在する。しかし、ここでは論旨に沿わないため、あえて扱わなかった。そのための研究はこれから別に行わなければならない。今後の課題としてどのようなものが存在するか、ここに挙げておくことにする。

まず、大きく言えば中期以後のシベリア出兵の問題である。初期シベリア出兵の前提は、対独戦争の一環である、ということであった。「チェコ軍」は、誰からの攻撃の危険にさらされていることになっていたかを考えれば明らかである。ところが一九一八年末に、ドイツ・オーストリアの敗北で戦争は終結する。チェコスロヴァキア共和国も独立し、チェコ軍がロシアにいる必然性は全くなくなった。

そのため、明確に「反ボリシェヴィキ」の態度を取り、反革命派政権によるロシアの統一をはかることが、連合国にとっては重要になる。しかし、それは日本にとって出兵宣言で発した出兵目的を事実上破棄することだった。「内政不干渉」が前提とされていたからである。ただ、反革命派の政権樹立は、わずか一年ほどで崩壊に向かった。寺内内閣の出兵を収拾するべく発足した原内閣は、いわゆる「シベリア撤兵政策」に取り組む。[7] しかしそれは単純なものではなく、一進一退を繰り返した。そして原は撤兵を果たせぬまま暗殺される。

そして、ロシア側の抵抗運動も激化し、一九一九年のユフタの戦いのように、ボリシェヴィキ軍との戦闘で日本軍が壊滅するなどのこともあった。さらに一九二〇年、外交官憲や在留邦人が大量殺害される「尼港事件」が起こった。このことは、ロシア本土から撤兵しつつあった日本軍が、今度は北サハリンに軍を進め、「保障占領」をするという結果を生んだ。この土地で何があったかについては、既にいくつかの研究がある。[8] このようなことも、「新しい救世軍」は、結果的にどのようになっていったかを知るためには重要である。

兵士ではない人々に、シベリア出兵がどのように映っていったかも、重要なテーマである。兵士ではない人は、新聞や兵士となった家族の手紙で出兵を知った。また、衆議院議員が、一九一八年と一九一九年にそれぞれ超党派でシベリア慰問旅行を行っている。[9] 兵士たちが、あるいは従軍記者たちが見て伝えたシベリア出兵とシベリアそのものは、日本国民のロシア観などに影響をいかに与えたか。そして、一九二〇年代になると国内的には撤兵論が高まるが、このプロセスなどについても明らかにしなければならない。

このように、大きな課題が、筆者には残されている。髙橋治氏は、シベリア出兵を「八幡の藪知らず」と呼んだ。[10] ボリシェヴィキ政権の後身、ソヴィエト社会主義共和国連邦も今はない。日本が「支援」したチェコスロヴァキアも、スロヴァキアの独立で(二度)消滅した。先行研究の多くは、まだシベリア出兵を「同時代の出来事」として記憶している人々がいた時代に書かれた。しかし今や筆者は、生身で語るもののいないところで、シベリア出兵の研究をなさねばならない。

(1) 服部龍二、前掲『東アジア国際環境の変動と日本外交』では、現在の日本が置かれた地位(対米関係が最も重要なファクターであること)を無意識的に外交史に照射しやすいことに注意を促している。ただ、第一次世界大戦期の日本外交では日本外交の中核をなすのは日英関係であったのは事実であるが、シベリア出兵自体は、最終的には日米共同出兵、ということになっている。これゆえに、対米関係、対米認識は重要視せざるをえない。

(2) 『世界の大勢と日本国民の覚悟を述へて在郷軍人の覚悟を促す』帝国在郷軍人会、刊行年不明、二九—三〇頁。『田中義一文書』九二。田中が行った演説をパンフレットにしたもの。

(3) 「京都衛戍地将校同相当官会同席に於ける宇垣陸軍大臣口演要旨」一九二六年五月、『宇垣一成文書』A四-〇六。

(4) 北岡伸一、前掲『日本陸軍と大陸政策』の「おわりに」は、この問題について示唆的な意見を述べている。この問題としては、黒澤文貴『大戦間期の日本陸軍』みすず書房、二〇〇〇年も参照。

(5) 前掲、石光、『誰のために』三三三頁。このような被害者意識を持つ背景には、シベリア出兵批判が議会などで野党憲政会から提起されてきたこともあると考えられる。

(6) 実際、この翌年に出征させられる第五師団四十二連隊(山口県)の将兵は、「過激派絶滅」などの激しい言葉を新聞にも発表している。

(7) 百瀬孝「シベリア撤兵政策の形成過程」『日本歴史』四二八号、一九八四年。

(8) 吉村道男「日本軍の北樺太占領と日ソ国交問題」『政治経済史学』一三二号、一九七七年(現在は一九九一年に日本経済評論社

から刊行された『日本とロシア』の増補版に所収)、細谷千博「北サハリンの石油資源を廻る日・米・英の経済紛争」細谷千博編『太平洋・アジア圏の国際経済紛争』東京大学出版会、一九八五年、阿部聖「北樺太石油株式会社の設立とその活動について」『経営情報学部論集』(常葉学園浜松大学)七巻一号、一九九四年および八巻一号、一九九五年、原暉之「ポーツマス条約から日ソ基本条約へ」『講座スラブの世界』第八巻、弘文堂、一九九五年所収は、この問題に関する数少ない先行研究である。

(9) この旅行は超党派で行われ、参加した議員たちはひとしく感激しているように見えた。しかし、野党憲政会の議員は、シベリア出兵を原内閣攻撃の一つの武器としていくのである。

(10) 髙橋治「シベリア戦争について」『思想』六四二号、一九七七年、現在は『花と心に囲まれて』講談社文庫、一九九五年所収。

参考文献

（本書作成途上で参照したが、検討不足などで本書には引用されなかった文献も含まれている。）

一　未刊行史料

（一）国立国会図書館憲政資料室所蔵・寄託

『旧陸海軍文書』

『憲政史編纂会収集文書』

『勝田家文書』

『田中義一文書』

『寺内正毅関係文書』

『田健治郎日記』

『西原亀三文書』

『牧野伸顕文書』

『山縣有朋文書』

（勝田、牧野、山縣文書は、九州大学法学部所蔵のマイクロフィルムを用いた。また、田中義一文書については、山口県文書館所蔵の原本も参照した。）

（二）防衛研究所所蔵

『欧受大日記』

『西受大日記』

『西密受大日記』

『西伯利出兵時ニ於ケル憲兵報告』

『歩兵七十二連隊陣中日誌』

『歩兵七十二連隊第三大隊陣中日誌』

『西伯利出兵衛生史』

（三）外交史料館所蔵

『露国革命関係一件　出兵関係　独勢東漸ニ関スル件』（1.6.3.24.13.24）

『露国革命関係一件　出兵及び撤兵（別冊）』第七巻（1.6.3.24.13.31）

『露国革命関係一件　出兵及び撤兵（別冊）』第八巻（1.6.3.24.13.31）

『露国革命関係一件　出兵関係　緒方書記生提出ノ同書記生発電写』（1.6.3.24.13.48）

『露国革命関係一件　出兵関係　出兵ニ伴フ政治経済其他諸施設雑件』（1.6.3.24.13.54）

『西比利亜経済援助関係雑件　委員会ノ成立ニ関スル件』（3.4.1.23.1）

『西比利亜経済援助関係雑件「プロパガンダ」ニ関スル件』（3.4.1.23.8）

『西比利亜経済援助関係雑件　米国其他対露活動』（3.4.1.23.17）

『西比利亜経済援助関係雑件　供給方針』（3.4.1.23.23.1）

『西比利亜経済援助関係雑件　物資供給（供給実施）』第三巻（3.4.1.23.23.2）

『西比利亜経済援助関係雑件　窮民救済』(3.4.1.23.31)
『西比利亜派遣軍軍票関係一件』(3.4.3.71)

(四)国立公文書館所蔵
『公文類聚』
『公文雑纂』

(五)東京大学法学部・近代日本法政史料センター所蔵
『荒木貞夫文書』

(六)憲政記念館所蔵
『宇垣一成文書』

(七)その他
『黒木親慶文書』(えびの市立図書館所蔵)
『後藤新平文書』(雄松堂フィルム出版、一九八〇年、九州大学法学部所蔵)

二　刊行史料集

『日本外交年表竝主要文書』（全二巻）原書房、一九六五年
『日本外交文書』
『帝国統計年鑑』（東京リプリント出版社の復刻版）
参謀本部編『大正七年乃至十一年西伯利出兵史』一九二四年（新時代社、一九七三年の復刻）
憲兵司令部編『西伯利出兵憲兵史』一九二八年（国書刊行会、一九七六年の復刻）
『帝国議会衆議院議事速記録』東京大学出版会
『帝国議会衆議院委員会議録』臨川書店
『帝国議会貴族院議事速記録』東京大学出版会
『枢密院会議議事録』東京大学出版会
『法令全書』（九州大学法学部所蔵）
鷲尾義直編『犬養木堂書簡集』人文閣、一九四〇年（岡山県郷土文化財団、一九九二年の復刻）
原奎一郎編『原敬日記』活字版、福村出版、一九六五年
岩壁義光、広瀬順皓編『原敬日記』影印版、北泉社、一九九八年
小林龍夫編『翠雨荘日記』原書房、一九六六年
大山梓編『山縣有朋意見書』原書房、一九六六年
角田順校訂『宇垣一成日記』（第一巻のみ使用、全三巻）みすず書房、一九六八年
松尾勝造『シベリア出征日記』風媒社、一九七八年
国崎武「シベリヤ日記」国崎頼編著『静寂庵の記』福岡印刷株式会社、一九七九年所収（福岡県立図書館所蔵）

山本四郎編『寺内正毅日記』京都女子大学、一九八〇年
山本四郎編『西原亀三日記』京都女子大学、一九八三年
山本四郎編『寺内正毅内閣関係史料』京都女子大学、一九八五年
『続・現代史資料』第五巻（加藤寛治日記）、みすず書房、一九九四年

三　同時代文献

『国際法外交雑誌』（九州大学法学部所蔵）
『外交時報』（九州大学法学部所蔵）
『太陽』（九州大学中央図書館所蔵）
『日本及日本人』（山口大学附属図書館所蔵）
『政友』（柏書房の復刻版）
『憲政』（柏書房の復刻版）
『内外商工時報』（九州大学中央図書館所蔵）
『大阪朝日新聞』（九州大学法学部所蔵のマイクロフィルム）
『東京日日新聞』（九州大学法学部所蔵のマイクロフィルム）
『読売新聞』（九州大学法学部所蔵のマイクロフィルム）
『福岡日日新聞』（九州大学経済学部および福岡県立図書館所蔵のマイクロフィルム）
『九州日報』（九州大学法学部および福岡県立図書館所蔵のマイクロフィルム）
『門司新報』（福岡県立図書館および北九州市立図書館所蔵のマイクロフィルム）
『浦潮日報』（敦賀市立図書館および国立国会図書館所蔵）

『正教時報』（九州大学六本松地区図書館所蔵のマイクロフィルム）
大谷誠夫編『出兵論』民友社、一九一八年（金沢大学図書館所蔵）
『吉野作造選集』五―六巻、岩波書店、五巻は一九九六年、六巻は一九九五年（各巻刊行は順不同）

四　伝記・回想録・その他

徳富蘇峰『大正の青年と帝国の前途』民友社、一九一六年
山内封介『シベリヤ秘史』日本評論社、一九二三年
菅原佐賀衛『西伯利出兵史要』偕行社、一九二五年（信山社、一九八九年の復刻）
山崎千代五郎『西比利亜出征ユフタ実戦記　血染の雪』武蔵野書房、一九二七年（大分市在住、園田明氏所蔵）、同上増補改訂版、自費出版、一九三〇年、同上遺稿、『季刊ユーラシア』二号、一九七一年
勝田主計『ところてん』日本通信大学出版部、一九二七年
南満州鉄道株式会社哈爾賓事務所運輸課編『東支鉄道を中心とする露支勢力の消長』（全二巻）南満州鉄道株式会社、一九二八年（九州大学農学部所蔵）
トマシュ・ガリグ・マサリク、竹山安太郎訳『チェックスロワキヤ国　建国と理想』日東出版社、一九三一年（原著刊行は一九二七年）
竹山安太郎『西比利亜事変と国際関係の真相』第一巻、日東出版社、一九三四年（九州大学法学部所蔵）
男爵大井成元述『西比利亜出兵ニ関スル思出ノ一端』外務省調査部第一課、一九三九年（九州大学法学部所蔵）
加藤寛治大将伝記編纂会編・刊行『加藤寛治大将伝』一九四一年（静岡大学所蔵）
鶴見祐輔『後藤新平伝』国務大臣時代後期（下巻）太平洋協会出版部、一九四四年
本多胡風「シベリヤの思出」『みくに』四五七―四六三号（四五八、四五九号は未見）、一九五六年（財団法人天草教育会館内

天草図書館所蔵）
黒田静男『地方記者の回顧』黒田静男記念文集刊行会、一九六三年
西原亀三『夢の七十余年』平凡社、一九六五年
内田康哉伝記編纂委員会／鹿島平和研究所編『内田康哉』鹿島出版会、一九六九年
石光真清『誰のために』中公文庫、一九七九年
高倉徹一編『田中義一伝記』（全二巻）原書房、（復刻版）、一九八一年
坂口敏之『上田仙太郎伝』葦書房、一九八五年
佐賀純一『氷雪のバイカル』筑摩書房、一九九〇年

五　先行研究（発表順。単行本・論文の区別は付けていない。）

井上清「日本のソヴェート革命干渉戦争」『歴史学研究』一五一号および一五三号、一九五一年（のち加筆されて『日本の軍国主義』東京大学出版会、一九五三年に収録）
大浦敏弘「極東ロシヤに対する米日干渉とその破綻についての一考察」（未完）『阪大法学』一二号、一九五四年および一五号、一九五五年
細谷千博『シベリア出兵の史的研究』有斐閣、一九五五年
Morley, J.W., *The Japanese Thrust into Siberia, 1918*, Columbia University Press, New York, 1957.
三島康雄「ロシア革命が我国の北洋漁業経営に及ぼした影響」『社会経済史学』三〇巻二号、一九六〇年
小林幸男「欧州大戦と日本の対露政策」『国際政治』二三号、一九六三年
小林龍夫「臨時外交調査委員会の設置」『国際政治』六四巻二号、一九六五年
関寛治『現代東アジア国際環境の誕生』福村出版、一九六六年

河村盛一「ソヴィエト社会主義革命は日本ではじめどう受けとられたか」『神戸外大論叢』一九巻二号、一九六八年
藤村道生「シベリア出兵と日本軍の軍紀」『日本歴史』二五一号、一九六九年
飛鳥井雅道「ロシア革命と『尼港事件』」井上清・渡部徹編『大正期の急進的自由主義』東洋経済新報社、一九七二年所収
細谷千博『ロシア革命と日本』原書房、一九七二年
和田春樹「シベリア戦争史研究の諸問題」『ロシア史研究』二〇号、一九七三年
藤本和貴夫「日本のシベリア介入戦争について」『ロシア史研究』二〇号、一九七三年
島田孝夫「黒島伝治小論」『ロシア史研究』二〇号、一九七三年
菊地昌典『ロシア革命と日本人』筑摩書房、一九七三年
高橋治『派兵』(全四巻、未完)朝日新聞社、一九七三―七七年
原暉之「『尼港事件』の諸問題」『ロシア史研究』二三号、一九七五年
吉田悟郎「ニコラエフスク事件をめぐって」『歴史学研究』四二七号、一九七五年
雨宮昭一「戦争指導と政党」『思想』六二三号、一九七六年
雨宮昭一「近代日本における戦争指導の構造と展開」『茨城大学教養部紀要』七号、一九七五年および八号、一九七六年
田川市史編纂委員会編『田川市史』中巻、田川市役所、一九七六年
大浦敏弘「極東共和国形成についての一考察」『阪大法学』九九号、一九七六年
原暉之「ロシア革命、シベリア戦争と朝鮮独立運動」菊地昌典編『ロシア革命論』田畑書店、一九七七年所収
東尾和子「琿春事件と間島出兵」『朝鮮史研究会論文集』一四号、一九七七年
吉村道男「日本軍の北樺太占領と日ソ国交問題」『政治経済史学』一三二号、一九七七年
香内三郎/高木喜隆「ロシア革命の報道とそのインパクト」『東京大学新聞研究所紀要』二五号、一九七七年
菊地昌典『現代ソ連論』筑摩書房、一九七七年

髙橋治「シベリア戦争について」『思想』六四二号、一九七七年
新藤東洋男『ロシア革命とシベリア出兵』日ソ協会福岡県連合会、一九七八年
髙橋治「虫の視点」大浜徹也編『近代民衆の記録』第八巻、一九七八年所収
原暉之「極東ロシアにおける朝鮮独立運動と日本」『季刊三千里』一七号、一九七九年
新藤東洋男『ロシア革命と佐藤三千夫』日ソ協会福岡県連合会、一九七九年
大沢正道「ロシア革命の衝撃波」『文学』一九七九年九月号
原暉之「シベリア・極東ロシアにおける十月革命」『スラヴ研究』二四号、一九七九年
原暉之「日本の極東ロシア軍事干渉の諸問題」『歴史学研究』四七八号、一九八〇年
加藤九祚『シベリア記』潮出版社、一九八〇年
吉田裕「日本帝国主義のシベリア干渉戦争」『歴史学研究』四九〇号、一九八一年
百瀬孝「シベリア撤兵政策の形成過程」『日本歴史』四二八号、一九八四年
小林幸男『日ソ政治外交史』有斐閣、一九八五年
細谷千博「北サハリンの石油資源をめぐる日・米・英の経済紛争」細谷千博編『太平洋・アジア圏の国際経済紛争』東京大学出版会、一九八五年所収
髙橋秀直「原内閣の成立と総力戦政策」『史林』六八巻三号、一九八五年
髙橋秀直「総力戦政策と寺内内閣」『歴史学研究』五五二号、一九八六年
服部英里子「シベリア出兵と東支鉄道管理問題」原朗編『近代日本の経済と政治』山川出版社、一九八六年所収
纐纈厚『近代日本の政軍関係』大学教育社、一九八七年
原暉之『シベリア出兵』筑摩書房、一九八九年
長縄光男『ニコライ堂の人びと』現代企画室、一九八九年

杉山公子『ウラジオストックへの旅』地久館、一九八九年
上田秀明『極東共和国の興亡』アイペックプレス、一九九〇年
波多野勝「ロシア革命と日本のシベリア援助」『慶應義塾大学法学研究』六三巻二号、一九九〇年
斎藤聖二「ロシア革命と日中関係」『シオン短期大学研究紀要』三〇号、一九九〇年および三一号、一九九一年
吉村道男『日本とロシア』増補版（初版は原書房、一九六八年）、日本経済評論社、一九九一年
橋本哲哉「『浦潮日報』の成立と「シベリア出兵」」『金沢大学経済学部論集』一二巻二号、一九九二年
橋本哲哉「「シベリア出兵」期における『浦潮日報』」古厩忠夫編『東北アジア史の再発見』有信堂高文社、一九九四年所収
井竿富雄「シベリア出兵構想の登場」『九大法学』六八号、一九九四年
阿部聖「北樺太石油株式会社の設立とその活動について」『経営情報学部論集』（常葉学園浜松大学）七巻一号、一九九四年および八巻一号、一九九五年
原暉之「シベリア出兵と海軍」『続・現代史資料』第五巻月報、みすず書房、一九九四年
原暉之「シベリア出兵の罪と罰」『軍縮問題資料』一六八号、一九九四年
原暉之「内戦終結期ロシア極東における地域統合」『ロシア史研究』五六号、一九九五年
原暉之「ポーツマス条約から日ソ基本条約へ」『講座スラブの世界』第八巻、弘文堂、一九九五年所収
髙橋治『花と心に囲まれて』講談社文庫、一九九五年
小池聖一「シベリア出兵と日本海軍」海軍歴史保存会編・刊行『日本海軍史』第二巻、一九九五年所収
Foglesong, D.S., *America's Secret War Against Bolshevism*, The University of North Carolina Press, Chapel Hill & London, 1995.
Swain, G., *The Origins of The Russian Civil War*, Longman, London & New York, 1996.
『久山町誌』同町刊、一九九七年

雨宮昭一『近代日本の戦争指導』吉川弘文館、一九九七年
イーゴリ・アレクサンドロヴチ・ラティシェフ、伊集院俊隆・井戸口博訳『ロシア金塊の行方』新読書社、一九九七年
多田井喜生『大陸に渡った円の興亡』(全二巻)東洋経済新報社、一九九七年
原暉之『ウラジオストク物語』三省堂、一九九八年
井竿富雄「忠魂碑と『正史』―シベリア出兵体験における『忠誠の記憶』の恒久化に関する一考察―」『九大法学』七六号、一九九八年
平吹通之「シベリア出兵決定経緯と陸軍」『軍事史学』三四巻二号、一九九八年
笠原十九司「北京政府とシベリア出兵」中央大学人文科学研究所編『民国前期中国と東アジアの変動』中央大学出版部、一九九九年所収
井竿富雄「シベリア出兵論の構造と背景」『九大法学』七八号、一九九九年
井竿富雄「シベリア出兵構想の変容―寺内内閣および外交調査会の動きを中心にして―」『法政研究』(九州大学法政学会)六六巻四号、二〇〇〇年
高原秀介「ウィルソン政権とシベリア撤兵政策」『六甲台論集』四七巻一号、二〇〇〇年
井竿富雄、ハジバラ訳「日本外交政策史中的西伯利亜出兵問題」岩下明裕編『試論跨世紀東北亜関係』(日本学術振興会科学研究費奨励研究報告書)所収、二〇〇一年
井竿富雄「陸軍におけるシベリア出兵構想の変容」『政治研究』(九州大学政治研究室)四八号、二〇〇一年
高原秀介「米国のシベリア撤兵と日本」『軍事史学』三六巻三-四合併号、二〇〇一年
服部龍二『東アジア国際環境の変動と日本外交　一九一八―一九三一』有斐閣、二〇〇一年
堀江満智『遥かなる浦潮』新風書房、二〇〇二年

（その他）

木坂順一郎「軍部とデモクラシー」『国際政治』三八号、一九六七年
宮地正人『日露戦後政治史の研究』東京大学出版会、一九七三年
北岡伸一『日本陸軍と大陸政策』東京大学出版会、一九七八年
山口利昭「国家総動員研究序説」『国家学会雑誌』九二巻三-四合併号、一九七九年
北岡伸一「外交指導者としての後藤新平」『年報近代日本研究』二号、一九八〇年
纐纈厚『総力戦体制研究』三一書房、一九八一年
笠原十九司「日中軍事協定反対運動」『人文研紀要』（中央大学人文科学研究所）二号、一九八三年
斎藤聖二「寺内内閣と西原亀三」『国際政治』七五号、一九八三年
季武嘉也「第一次世界大戦期の諸政党の動向」『年報近代日本研究』六号、一九八四年
芥川哲士「武器輸出の系譜」『軍事史学』一九八五―一九九二年の間に掲載。
北野典夫『天草海外発展史』（全二巻）葦書房、一九八五年
斎藤聖二「寺内内閣における援段政策確立の経緯」『国際政治』八三号、一九八六年
北岡伸一『後藤新平』中央公論社、一九八八年
斎藤聖二「日本海軍によるロシア金塊の輸送一九一六・一九一七年」『国際政治』九七号、一九九一年
佐藤誠三郎「協調と自立の間」『「死の跳躍」を越えて』都市出版、一九九二年所収（初出は一九七〇年）
林忠行『中欧の分裂と統合』中央公論社、一九九三年
小林道彦「世界大戦と大陸政策の変容」『歴史学研究』六五六号、一九九四年
遠藤芳信『近代日本軍隊教育史研究』青木書店、一九九四年
斎藤聖二「日独青島戦争の戦闘経緯」『シオン短期大学研究紀要』三四号、一九九四年

一ノ瀬俊也「兵役義務負担の公平化と『護国共済組合』構想」『九州史学』一一二号、一九九五年
郡司淳「軍事救護法の成立と陸軍」『日本史研究』三九七号、一九九五年
有山輝雄『近代日本ジャーナリズムの構造』東京出版、一九九五年
中園裕「戦前期検閲制度運用論」『メディア史研究』四号、一九九六年
片山邦雄『近代日本海運とアジア』御茶の水書房、一九九六年
郡司淳「軍事救護法の受容をめぐる軍と兵士」『歴史人類』（筑波大学）二五号、一九九七年
黒沢文貴『大戦間期の日本陸軍』みすず書房、二〇〇〇年
森川正則「寺内内閣期における西原亀三の対中国「援助」構想」『阪大法学』五〇巻五号、二〇〇一年
加藤陽子『戦争の日本近現代史』講談社、二〇〇二年
伊香俊哉『近代日本と戦争違法化体制』吉川弘文館、二〇〇二年

あとがき

本書のもとになった論文は、一九九七年十二月に提出され、翌年三月に九州大学より博士(法学)の学位を授与された学位論文「初期シベリア出兵の研究――「新シキ救世軍」構想の登場と展開――」である。ただし、この論文は、一部が既に活字論文として発表されたこともある。既出の論文は、以下の通りである。

「シベリア出兵構想の登場――寺内内閣および外交調査会の動きを中心にして――」『法政研究』(九州大学法政学会)六六巻四号、二〇〇〇年(第一章)
「陸軍におけるシベリア出兵構想の変容」『政治研究』(九州大学政治研究室)四八号、二〇〇一年(第二章)
「シベリア出兵論の構造と背景」『九大法学』(九大法学会)七八号、一九九九年(第三章一節)

それぞれの論文は、発表当時のまま本書に収録されているわけではない。多少書き換えたところがある。未発表であるあとの章に関しても、本書にまとめるに際して、大規模な修正作業が行われている。その作業は、基本的に長すぎる史料引用を切り捨てることであった。本書をまとめるのに行った作業の半分以上は、捨てる作業であったといっても過言ではない。ただし、論旨は全く変更されていない。

もちろん、研究はまだまだ道半ばにも達していない。自身の名前の入った著作を出すことは、嬉しくはあるが、満天下に自身の恥をさらすことともなりうる。だが、今の時点での自分の程度を知るためにも、刊行物として残すことを考えたのである。本書を読まれた方が、私を批判して下さる労をとっていただけたら、これに勝る喜びはない。

シベリア出兵の問題を追い始めてからもう十年以上たった。私がシベリア出兵問題をやろうとしたのは、全くの偶然だった。もともと「いわゆる大東亜共栄圏の親日政権の研究がしたい」と考えていたのだが、指導教官、岡本宏先生との話の中で「その起点になるものを考えるべきだ」と言われたのである。そこにあったのが、本書で先行研究として出てくる原暉之著『シベリア出兵』であった。湾岸戦争への日本の参加が「国際貢献」であるという議論が日本国内で流行したことも、この研究への取り組みを最終的に後押しした要因であったように思う。思えば単純なものであった。無知は人を思わぬ方向へ連れて行く。

しかし、研究はそんなに簡単ではなかった。シベリア出兵についての先行研究は、日本の経験したほかの戦争よりは少ないのではないか、と思う。しかし、その少ない先行研究の一つひとつが、とても容易には越えられない高い山ばかりであった。当時刊行されたばかりの、原暉之著『シベリア出兵』があった。どこへ話を持っていっても、「まだやることがあるの?」という反応であったことを覚えている。しかも、いまだもってロシア語に挫折したままの私は、日本政治外交史の中のシベリア出兵問題という角度からしか取り組めなかった。これは正直に告白しなければならない。その意味で、私はシベリア出兵を経験した日本軍兵士よりも劣った位置にある(髙橋治氏の『派兵』では、現地でロシア語を話せるようになった兵士の話もあった)。別に書いたもので、一国主義的な歴史叙述を批判したことのある私が、このようなていたらくではいけないのである。

本書がまとまるまでには、たくさんの方の力がなければできなかった。人名が多すぎるかもしれないが、挙げさせていただければと思う。本書に名前を取り上げられたことが、不名誉にならなければ幸いである。むろん、ここに挙げきれなかった人もあることを付記したい。

まずは両親、井竿聖人・芙美代に感謝しなければならない。そして、母方の親戚である、大塚六郎・智美子夫妻に、特にお名前を挙げて謝辞を述べなければならない。大塚一家の、物心両面からの骨身を惜しまぬ助力がなければ、私は学業を続けていくことができなかった。

熊本大学法学部・同修士課程時代の恩師は岡本宏先生である。先生は、私が研究者の道に進むことについてはかなり懸念しておられたようであった。大学院進学の話をした時、まさにマックス・ヴェーバーが『職業としての学問』で書いたような問答が、そのままあったことを覚えている。残念ながら、岡本先生は二〇〇二年十二月一日、病気により逝去された。本書をお目にかけることはできなかった。本書はまず、岡本先生の霊前に捧げられるべきものである。当時着任されたばかりだった大澤博明先生とのやりとりも、懐かしい思い出である。

九州大学大学院法学研究科では、石川捷治先生の存在を忘れるわけにはいかない。温厚にして厳格なその教育方法は、私がこのような仕事についたことにより、いよいよ学ぶところの大きいものである。学問の何かも知らぬままにひょっこり熊本から出てきた私を、よく入れて下さったものである。

九州大学法学部・政治史ゼミの方々には、公私ともども迷惑のかけっぱなしであった。熊野直樹、出水薫の二人の先輩、そして、兵頭淳史(現、専修大学)、三宅浩之、山田良介の各氏には、ゼミの議論だけではなく、いろいろなところでお世話になったものであった。

九州大学政治研究会も、よい研鑽の場であった。小山勉先生、関口正司先生、藪野祐三先生、石田正治先生をはじめとした、他の領域の人々との対話は、重要なものとして残っている。

他にも、九州大学法学部(現、福岡国際大学)の黒木彬文先生、九州大学大学院比較社会文化研究科の有馬学先生、高田和夫先生など、数多くの先生方が、時には貴重な史料を紹介して下さることまでしていただいた。黒木先生には『荒木貞夫文書』や『国崎武日記』、有馬先生は『黒木親慶文書』、そして高田先生には『正教時報』の閲覧で多大な助力を賜った。

忘れてはいけないのは、九州歴史科学研究会の存在である。西嶋有厚(福岡大学)、平野正(現、大東文化大学)、松塚俊三(福岡大学)、星乃治彦(熊本県立大学)各先生という錚々たるメンバーが、学部生や院生と真摯に討論する場は、私の視界を広げてくれるものであった。専攻も年齢も、社会的地位も蹴破りながら、「ともに探究する」という一点で結束する姿勢は、すばらしいものである。しかも、研究者が常に社会との接点を忘れてはならないことを教えてくれた。

山口県立大学は、私を受け入れてくれた大学である。国際文化学部は、まだ歴史の新しい学部である。相原次男前学部長や、安野早己現学部長、大学院の熊本守雄国際文化学研究科長をはじめとするスタッフの皆様にもお世話になっている。「同期入社」組の鈴木隆泰、李修京、永崎研宣の各氏の名前も挙げておきたい。「大学改革」の激浪にあって、私と鈴木氏も早々から教務委員の重責を担っている。他の先生方が、教育・研究・学務の三つの仕事を、どのように並立させているか、これから学ぶことになるのであろう。そして、わずか半年しか一緒に仕事をすることはなかったが、出版社を御紹介いただいた岩下明裕氏(現在、北海道大学スラブ研究センター)も、忘れずにお名前を記させていただきたい。岩下氏は「若いうちに本を出すこと」を熱心に勧めて下さった。

奇しくも山口県立大学は、本書で出てくる寺内正毅の墓の隣りにある。寺内が本書を読んだら、苦笑することであろう。

出版事情が厳しい中で、拙著の刊行を決断くださった九州大学出版会にも、感謝申し上げたい。そして最後に、書店で本書を見かけて、財布をはたいて購入して下さった読者の皆様。皆様のお名前を知ることはできないけれども、何かどこかで役に立つことが本書から手に入れば、著者としては望外の喜びである。

なお、本書は、山口県立大学学術研究出版助成事業の助成を受けて刊行されるものである。

二〇〇三年一月

井竿富雄

や行

ら行

索　引

（人物・事項の区別はつけていない。）

著者略歴

井竿富雄（いざお　とみお）

1968年　熊本県生まれ
1991年　熊本大学法学部卒業
1993年　熊本大学大学院法学研究科修士課程修了
1996年　九州大学大学院法学研究科博士後期課程単位取得退学，
　　　　九州大学法学部助手などを経て
現　在　山口県立大学国際文化学部助教授　博士（法学）

論文（本書収録以外で）
「忠魂碑と『正史』──シベリア出兵体験における『忠誠の記憶』の恒久化に関する一考察──」（『九大法学』76号，1998年）
「隣人への視線」渡邊克義編著・訳『地域から世界へ』山口新聞社，2001年所収
「歴史を書くのは誰か？──個人の記憶と国家の歴史──」（『山口県立大学国際文化学部紀要』8号，2002年）
『終わらない20世紀』（共著，法律文化社，近刊）

初期《しょき》シベリア出兵《しゅっぺい》の研究《けんきゅう》
──「新しき救世軍」構想の登場と展開──

2003年2月25日　初版発行

著　者　井　竿　富　雄
発行者　福　留　久　大
発行所　（財）九州大学出版会
〒812-0053　福岡市東区箱崎7-1-146
九州大学構内
電話　092-641-0515（直　通）
振替　01710-6-3677
印刷・製本／㈲レーザーメイト・研究社印刷㈱

ISBN4-87378-772-6

九州大学出版会刊

松井康浩
ソ連政治秩序と青年組織
コムソモールの実像と青年労働者の社会的相貌一九一七－一九二九年
A5判 三八六頁 六、八〇〇円

本書は、ロシア革命から一九二〇年代末の「上からの革命」に至る激動の時代を生きた若者の世界を、ソヴィエト青年組織コムソモールや青年労働者に光を当てながら描写するとともに、革命後に築かれたソ連政治秩序の形成プロセスを新たな視角から解明する。

高田和夫 編
ペレストロイカ
——ソ連・東欧圏の歴史と現在——
A5判 三〇四頁 二、八〇〇円

ペレストロイカはどのような理由から発動され、何を目指そうとしてきたのか。十二人のソ連・東欧史研究者が政治、経済、教育、外交、民族問題等の変動を多面的、歴史的に分析する。

徳本正彦・毛利敏彦・小沼 新 編
ナショナリズムの動態
——日本とアジア——
A5判 三五二頁 四、五〇〇円

ナショナリズムの解明は、現代政治学における最大の課題のひとつである。本書は、ナショナリズムの実態的側面に照明をあて、主体的運動と客観的環境との動態的関連の分析を試みた論集である。

L・フォーセット、A・ハレル 編／菅 英輝・栗栖薫子 監訳
地域主義と国際秩序
A5判 三八四頁 三、八〇〇円

ポスト冷戦の世界秩序のゆくえとの関連で大きな注目を集めている地域主義の現状と問題点をバランスよくコンパクトにまとめた論文集。国際的にも高い評価を受けている必読書。

九州大学法政学会 編
九州大学法学部創立七十周年記念論文集
法と政治——二十一世紀への胎動——（上・下）
A5判(上)四三四頁(下)三八六頁 各七、〇〇〇円

幾多の個別研究対象の広がりにもまして、新たな世界像が問われる今、二十一世紀の新しい地平へのステップを刻むべく編まれた論集。政治学・基礎法学中心の上巻と、公法学・私法学中心の下巻の二分冊。

＊表示価格は本体価格